Q-PARALLELS

Q-SYNOPSIS AND IQP/CRITED PARALLELS

BY

FRANS NEIRYNCK

LEUVEN
UNIVERSITY PRESS

UITGEVERIJ PEETERS
LEUVEN

2001

STUDIORUM NOVI TESTAMENTI AUXILIA

XX

First Edition of *Q-Synopsis,* pp. 1-63
(SNTA, 13) 1988
Revised Edition 1995 with Appendix, pp. 65-79

ISBN 90 5867 165 8 (Leuven University Press)
D/2001/1869/71
ISBN 90-429-1058-5 (Uitgeverij Peeters)
D. 2001/0602/80

Leuven University Press / Presses Universitaires de Louvain
Universitaire Pers Leuven
Blijde Inkomststraat 5, B-3000 Leuven-Louvain (Belgium)

© 2001, Uitgeverij Peeters, Bondgenotenlaan 153, B-3000 Leuven (Belgium)

PART I
Q-SYNOPSIS

THE DOUBLE-TRADITION PASSAGES
IN THE ORDER OF LUKE

MATTHEW	LUKE	Page
3,7-12	3,7-9.16-17	7
4,1-11	4,1-13	9
5,1-12	6,20-26	11
5,39-42.44-48; 7,12	6,27-36	13
7,1-5; 10,24-25; 15,14	6,37-42	15
7,16-20; 12,33-35	6,43-45	17
7,21.24-27	6,46-49	19
7,28a; 8,5-10.13	7,1-10	21
11,2-6	7,18-23	23
11,7-11	7,24-28	23
11,16-19	7,31-35	25
8,19-22	9,57-62	25
9,37-38; 10,7-16	10,2-12	27
11,21-23	10,13-15	29
10,40	10,16	29
11,25-27; 13,16-17	10,21-24	29
6,9-13	11,2-4	31
7,7-11	11,9-13	31
12,22-30; 9,32-34	11,14-20.23	33
12,43-45	11,24-26	35
12,38-42	11,16.29-32	35
5,15	11,33	37
6,22-23	11,34-35	37
23,4.6-7.13.23.25-27.	11,39-52	37
29-32.34-36	[45-52]	39
10,26-33; 12,32; 10,19-20	12,2-12	41
6,25-33	12,22-31	43
6,19-21	12,33-34	43
24,43-51	12,39-46	45
10,34-36	12,49-53	47

MATTHEW	LUKE	Page
16,2-3	12,54-56	47
5,25-26	12,57-59	47
13,31-33	13,18-21	49
7,13-14; 25,10-12; 7,22-23;	13,23-30	49
8,11-12; 20,16	[28-30]	51
23,37-39	13,34-35	51
12,11	14,5	51
23,12	14,11; 18,14	51
22,2-10	14,16-24	53
10,37-38	14,26-27	55
5,13	14,34-35	55
18,12-14	15,4-7	55
6,24	16,13	57
11,12-13	16,16	57
5,18	16,17	57
5,32	16,18	57
18,7	17,1	57
18,15.21-22	17,3-4	57
17,20	17,6	59
24,26-28.37-41; 10,39	17,23-24.26-30.33-35.37	59
25,14-30	19,12-27	61
[26-30]	[22-27]	63
19,28	22,28-30	63

The text of Matthew is printed on the left page and the text of Luke on the right. Each page is divided into numbered lines (nos. 1-43 in the left margin) and the corresponding texts of Matthew and Luke are normally printed on the same line.

The verse numbers and the subdivision of the verses into lines a, b, c, etc., are given before the text on each line.

The sign □ indicates additions / omissions; i.e., where a whole line or part of it, one phrase or one word, has no parallel. Differing locations are signaled with the verse number. The sign / indicates inversions of order.

Bold face type is used for words and parts of words that are identical in Matthew and Luke. Synonyms and substitutes are marked with an asterisk.

Small print is used for uncertain Q texts, narrative introductions and other material that is peculiar to one Gospel.

The Matthean Passages
in Matthew's Order

Mt	Page	Mt	Page	Mt	Page
3,7-12	6	8,5-10.13	20	12,43-45	34
4,1-11	8	8,11-12	50	13,16-17	28
5,1-12	10	8,19-22	24	13,31-33	48
5,13	54	9,32-34	32	15,14	14
5,15	36	9,37-38	26	16,2-3	46
5,18	56	10,7-16	26	17,20	58
5,25-26	46	10,19-20	40	18,7	56
5,32	56	10,24-25	14	18,12-14	54
5,39-42	12	10,26-33	40	18,15.21-22	56
5,44-48	12	10,34-36	46	19,28	62
6,9-13	30	10,37-38	54	20,16	50
6,19-21	42	10,39	58	22,2-10	52
6,22-23	36	10,40	28	23,4	38
6,24	56	11,2-6	22	6-7	36
6,25-33	42	11,7-11	22	13	38
7,1-5	14	11,12-13	56	23.25-27	36
7,7-11	30	11,16-19	24	29-32.34-36	38
7,12	12	11,21-23	28	23,12	50
7,13-14	48	11,25-27	28	23,37-39	50
7,16-20	16	12,11	50	24,26-28.37-41	58
7,21	18	12,22-30	32	24,43-51	44
7,22-23	48	12,32	40	25,10-12	48
7,24-27	18	12,33-35	16	25,14-25	60
7,28a	20	12,38-42	34	26-30	62

The Gospel text, which is printed here in a new arrangement, is that of K. Aland's Synopsis (Nestle-Aland [27]). The brackets are omitted.

Mt 3,7-12

3	7a	ἰδὼν *δὲ *πολλοὺς τῶν Φαρισαίων καὶ Σαδδουκαίων
4	b	*ἐρχομένους ἐπὶ τὸ *βάπτισμα αὐτοῦ
5	c	*εἶπεν αὐτοῖς·
6	d	γεννήματα ἐχιδνῶν,
7	e	τίς ὑπέδειξεν ὑμῖν φυγεῖν ἀπὸ τῆς μελλούσης ὀργῆς;
8	8	ποιήσατε οὖν καρπὸν ἄξιον τῆς μετανοίας
9	9a	καὶ μὴ *δόξητε λέγειν ἐν ἑαυτοῖς·
10	b	πατέρα ἔχομεν τὸν Ἀβραάμ.
11	c	λέγω γὰρ ὑμῖν ὅτι
12	d	δύναται ὁ θεὸς ἐκ τῶν λίθων τούτων
13	e	ἐγεῖραι τέκνα τῷ Ἀβραάμ.
14	10a	ἤδη δὲ ▢ ἡ ἀξίνη πρὸς τὴν ῥίζαν τῶν δένδρων κεῖται·
15	b	πᾶν οὖν δένδρον μὴ ποιοῦν καρπὸν καλὸν
16	c	ἐκκόπτεται καὶ εἰς πῦρ βάλλεται.
17		
18	11a	ἐγὼ μὲν ὑμᾶς / βαπτίζω / ἐν ὕδατι εἰς μετάνοιαν,
19	b	ὁ δὲ ὀπίσω μου ἐρχόμενος ἰσχυρότερός μού ἐστιν,
20	c	οὗ οὐκ εἰμὶ ἱκανὸς
21	d	▢ τὰ ὑποδήματα ▢ / βαστάσαι·
22	e	αὐτὸς ὑμᾶς βαπτίσει ἐν πνεύματι ἁγίῳ καὶ πυρί·
23	12a	οὗ τὸ πτύον ἐν τῇ χειρὶ αὐτοῦ
24	b	καὶ *διακαθαριεῖ τὴν ἅλωνα αὐτοῦ
25	c	καὶ συνάξει τὸν σῖτον αὐτοῦ / εἰς τὴν ἀποθήκην,
26	d	τὸ δὲ ἄχυρον κατακαύσει πυρὶ ἀσβέστῳ.

1   Lc 3,7-9.16-17

2

3   7a   *ἔλεγεν *οὖν

4   b   τοῖς *ἐκπορευομένοις *ὄχλοις *βαπτισθῆναι ὑπ᾽ αὐτοῦ·

5   7a

6   c   γεννήματα ἐχιδνῶν,

7   d   τίς ὑπέδειξεν ὑμῖν φυγεῖν ἀπὸ τῆς μελλούσης ὀργῆς;

8   8a   ποιήσατε οὖν καρποὺς ἀξίους τῆς μετανοίας

9   b   καὶ μὴ *ἄρξησθε λέγειν ἐν ἑαυτοῖς·

10   c   πατέρα ἔχομεν τὸν Ἀβραάμ.

11   d   λέγω γὰρ ὑμῖν ὅτι

12   e   δύναται ὁ θεὸς ἐκ τῶν λίθων τούτων

13   f   ἐγεῖραι τέκνα τῷ Ἀβραάμ.

14   9a   ἤδη δὲ καὶ ἡ ἀξίνη πρὸς τὴν ῥίζαν τῶν δένδρων κεῖται·

15   b   πᾶν οὖν δένδρον μὴ ποιοῦν καρπὸν καλὸν

16   c   ἐκκόπτεται καὶ εἰς πῦρ βάλλεται.

17   3,16-17

18   16b   ἐγὼ μὲν □ ὕδατι / βαπτίζω / ὑμᾶς □·

19   c   ἔρχεται δὲ □ ὁ ἰσχυρότερός μου,

20   d   οὗ οὐκ εἰμὶ ἱκανὸς

21   e   λῦσαι / τὸν ἱμάντα τῶν ὑποδημάτων αὐτοῦ·

22   f   αὐτὸς ὑμᾶς βαπτίσει ἐν πνεύματι ἁγίῳ καὶ πυρί·

23   17a   οὗ τὸ πτύον ἐν τῇ χειρὶ αὐτοῦ

24   b   *διακαθᾶραι τὴν ἅλωνα αὐτοῦ

25   c   καὶ συναγαγεῖν τὸν σῖτον εἰς τὴν ἀποθήκην / αὐτοῦ,

26   d   τὸ δὲ ἄχυρον κατακαύσει πυρὶ ἀσβέστῳ.

Mt 4,1-11

1a   *τότε ὁ Ἰησοῦς ▫

       ▫

  b   *ἀνήχθη *εἰς τὴν ἔρημον / *ὑπὸ τοῦ πνεύματος

  c   2a   πειρασθῆναι ὑπὸ τοῦ διαβόλου.

2a   καὶ *νηστεύσας ἡμέρας τεσσεράκοντα καὶ νύκτας τεσσεράκοντα,

  b   ▫ *ὕστερον ἐπείνασεν.

3a   *καὶ προσελθὼν ὁ *πειράζων / εἶπεν αὐτῷ·

  b   εἰ υἱὸς εἶ τοῦ θεοῦ, εἰπὲ ἵνα / οἱ λίθοι οὗτοι ἄρτοι / γένωνται.

4a   ὁ *δὲ ἀποκριθεὶς ▫ εἶπεν·

  b   γέγραπται ▫· οὐκ ἐπ᾽ ἄρτῳ μόνῳ ζήσεται ὁ ἄνθρωπος,

  c   ἀλλ᾽ ἐπὶ παντὶ ῥήματι ἐκπορευομένῳ διὰ στόματος θεοῦ.

8a   *πάλιν *παραλαμβάνει αὐτὸν ὁ διάβολος εἰς ὄρος ὑψηλὸν λίαν

  b   καὶ δείκνυσιν αὐτῷ πάσας τὰς βασιλείας τοῦ *κόσμου

  c   καὶ τὴν δόξαν αὐτῶν ▫

9a   καὶ εἶπεν αὐτῷ· 8a

  b   ταῦτά / σοι *πάντα δώσω, 8c

       ▫

  c   ▫ ἐὰν πεσὼν προσκυνήσῃς ▫ μοι ▫.

10a   *τότε ▫ *λέγει αὐτῷ / ὁ Ἰησοῦς·

  b   ὕπαγε, σατανᾶ· γέγραπται γάρ·

  c   κύριον τὸν θεόν σου προσκυνήσεις καὶ αὐτῷ μόνῳ λατρεύσεις.

5a   *τότε *παραλαμβάνει αὐτὸν ὁ διάβολος εἰς τὴν ἁγίαν *πόλιν

  b   καὶ ἔστησεν αὐτὸν ἐπὶ τὸ πτερύγιον τοῦ ἱεροῦ

6a   καὶ *λέγει αὐτῷ·

  b   εἰ υἱὸς εἶ τοῦ θεοῦ, βάλε σεαυτὸν ▫ κάτω·

  c   γέγραπται γὰρ ὅτι

  d   τοῖς ἀγγέλοις αὐτοῦ ἐντελεῖται περὶ σοῦ ▫

  e   καὶ ▫ ἐπὶ χειρῶν ἀροῦσίν σε,

  f   μήποτε προσκόψῃς πρὸς λίθον τὸν πόδα σου.

7a   ▫ *ἔφη αὐτῷ ὁ Ἰησοῦς ▫·

  b   πάλιν *γέγραπται· οὐκ ἐκπειράσεις κύριον τὸν θεόν σου.

11a   *τότε ▫

  b   *ἀφίησιν αὐτὸν / ὁ διάβολος ▫,

  c   καὶ ἰδοὺ ἄγγελοι προσῆλθον καὶ διηκόνουν αὐτῷ.

1		Lc 4,1-13
2		
3	1a	Ἰησοῦς *δὲ πλήρης πνεύματος ἁγίου
4	b	ὑπέστρεψεν ἀπὸ τοῦ Ἰορδάνου
5	c	καὶ *ἤγετο *ἐν τῷ πνεύματι / *ἐν τῇ ἐρήμῳ
6	2a	ἡμέρας τεσσεράκοντα □ πειραζόμενος ὑπὸ τοῦ διαβόλου.
7	b	καὶ οὐκ *ἔφαγεν οὐδὲν ἐν ταῖς ἡμέραις ἐκείναις
8	c	καὶ *συντελεσθεισῶν αὐτῶν ἐπείνασεν.
9	3a	εἶπεν *δὲ αὐτῷ / □ ὁ *διάβολος·
10	b	εἰ υἱὸς εἶ τοῦ θεοῦ, εἰπὲ τῷ λίθῳ τούτῳ / ἵνα γένηται / ἄρτος.
11	4a	*καὶ ἀπεκρίθη πρὸς αὐτὸν □ ὁ Ἰησοῦς·
12	b	γέγραπται ὅτι οὐκ ἐπ᾽ ἄρτῳ μόνῳ ζήσεται ὁ ἄνθρωπος.
13		□
14	5a	*καὶ *ἀναγαγὼν αὐτὸν 6a □
15	b	□ ἔδειξεν αὐτῷ πάσας τὰς βασιλείας τῆς *οἰκουμένης
16	c	6b ἐν στιγμῇ χρόνου
17	6a	καὶ εἶπεν αὐτῷ ὁ διάβολος·
18	b	σοὶ δώσω / τὴν ἐξουσίαν ταύτην *ἅπασαν καὶ τὴν δόξαν αὐτῶν,
19	c	ὅτι ἐμοὶ παραδέδοται καὶ ᾧ ἐὰν θέλω δίδωμι αὐτήν·
20	7	σὺ οὖν ἐὰν □ προσκυνήσῃς ἐνώπιον ἐμοῦ, ἔσται σοῦ πᾶσα.
21	8a	*καὶ ἀποκριθεὶς ὁ Ἰησοῦς / *εἶπεν αὐτῷ·
22	b	□ γέγραπται □·
23	c	κύριον τὸν θεόν σου προσκυνήσεις καὶ αὐτῷ μόνῳ λατρεύσεις.
24	9a	*ἤγαγεν *δὲ αὐτὸν □ εἰς *᾽Ιερουσαλὴμ
25	b	καὶ ἔστησεν □ ἐπὶ τὸ πτερύγιον τοῦ ἱεροῦ
26	c	καὶ *εἶπεν αὐτῷ·
27	d	εἰ υἱὸς εἶ τοῦ θεοῦ, βάλε σεαυτὸν ἐντεῦθεν κάτω·
28	10a	γέγραπται γὰρ ὅτι
29	b	τοῖς ἀγγέλοις αὐτοῦ ἐντελεῖται περὶ σοῦ τοῦ διαφυλάξαι σε
30	11a	καὶ ὅτι ἐπὶ χειρῶν ἀροῦσίν σε,
31	b	μήποτε προσκόψῃς πρὸς λίθον τὸν πόδα σου.
32	12a	καὶ ἀποκριθεὶς *εἶπεν αὐτῷ ὁ Ἰησοῦς ὅτι
33	b	□ *εἴρηται· οὐκ ἐκπειράσεις κύριον τὸν θεόν σου.
34	13a	*καὶ συντελέσας πάντα πειρασμὸν
35	b	ὁ διάβολος / *ἀπέστη ἀπ᾽ αὐτοῦ ἄχρι καιροῦ
36		□

Mt 5,1-12

3	1a	ἰδὼν δὲ τοὺς ὄχλους ἀνέβη εἰς τὸ ὄρος,
4	b	καὶ καθίσαντος αὐτοῦ προσῆλθαν αὐτῷ οἱ **μαθηταὶ αὐτοῦ·**
5	2a	καὶ ἀνοίξας τὸ στόμα αὐτοῦ
6	b	ἐδίδασκεν αὐτοὺς λέγων·
7	3a	**μακάριοι οἱ πτωχοὶ** τῷ πνεύματι,
8	b	ὅτι *αὐτῶν ἐστιν ἡ **βασιλεία** τῶν *οὐρανῶν.
9	6a	**μακάριοι οἱ πεινῶντες** καὶ διψῶντες τὴν δικαιοσύνην □,
10	b	ὅτι αὐτοὶ **χορτασθήσ**ονται.
11	4a	**μακάριοι οἱ** *πενθοῦντες □,
12	b	**ὅτι** αὐτοὶ *παρακληθήσονται.
13	5a	μακάριοι οἱ πραεῖς,
14	b	ὅτι αὐτοὶ κληρονομήσουσιν τὴν γῆν.
15	7a	μακάριοι οἱ ἐλεήμονες,
16	b	ὅτι αὐτοὶ ἐλεηθήσονται.
17	8a	μακάριοι οἱ καθαροὶ τῇ καρδίᾳ,
18	b	ὅτι αὐτοὶ τὸν θεὸν ὄψονται.
19	9a	μακάριοι οἱ εἰρηνοποιοί,
20	b	ὅτι αὐτοὶ υἱοὶ θεοῦ κληθήσονται.
21	10a	μακάριοι οἱ δεδιωγμένοι ἕνεκεν δικαιοσύνης,
22	b	ὅτι αὐτῶν ἐστιν ἡ βασιλεία τῶν οὐρανῶν.
23	11a	**μακάριοί ἐστε**
24		□
25	b	**ὅταν ὀνειδίσωσιν / ὑμᾶς καὶ /** ***διώξωσιν**
26	c	**καὶ** εἴπωσιν πᾶν **πονηρὸν** καθ᾽ **ὑμῶν** ψευδόμενοι
27	d	***ἕνεκεν** ***ἐμοῦ.**
28	12a	χαίρετε □ **καὶ** *ἀγαλλιᾶσθε,
29	b	*ὅτι □ **ὁ μισθὸς ὑμῶν πολὺς** ἐν τοῖς **οὐρανοῖς·**
30	c	*οὕτως **γὰρ** *ἐδίωξαν τοὺς **προφήτας** τοὺς πρὸ ὑμῶν □.
34	4b	
38	4a	
39	11c	

1   Lc 6,20-26

2

3   □

4   □

5 20a   καὶ αὐτὸς ἐπάρας τοὺς ὀφθαλμοὺς αὐτοῦ εἰς τοὺς **μαθητὰς αὐτοῦ**

6   b   ἔλεγεν·

7   c   **μακάριοι οἱ πτωχοί** □,

8   d   ὅτι *ὑμετέρα ἐστὶν **ἡ βασιλεία** τοῦ *θεοῦ.

9 21a **μακάριοι οἱ πεινῶντες** □ νῦν,

10   b   ὅτι □ **χορτασθήσεσθε**.

11   c   **μακάριοι οἱ** *κλαίοντες νῦν,

12   d   ὅτι □ *γελάσετε.

13

14

15

16

17

18

19

20

21

22

23 22a **μακάριοί ἐστε**

24   b   ὅταν μισήσωσιν ὑμᾶς οἱ ἄνθρωποι

25   c   καὶ **ὅταν** *ἀφορίσωσιν / **ὑμᾶς καὶ** / **ὀνειδίσωσιν**

26   d   **καὶ** ἐκβάλωσιν τὸ ὄνομα **ὑμῶν** ὡς **πονηρὸν** □

27   e   *ἕνεκα τοῦ *υἱοῦ τοῦ ἀνθρώπου·

28 23a χάρητε ἐν ἐκείνῃ τῇ ἡμέρᾳ **καὶ** *σκιρτήσατε,

29   b   ἰδοὺ *γὰρ **ὁ μισθὸς ὑμῶν πολὺς ἐν τῷ οὐρανῷ**

30   c   *κατὰ τὰ αὐτὰ **γὰρ** *ἐποίουν τοῖς **προφήταις** □ οἱ πατέρες αὐτῶν.

31

32 24a πλὴν

33   b   οὐαὶ ὑμῖν τοῖς πλουσίοις,

34   c   ὅτι ἀπέχετε τὴν **παράκλησιν** ὑμῶν.

35 25a οὐαὶ ὑμῖν, οἱ ἐμπεπλησμένοι νῦν,

36   b   ὅτι πεινάσετε,

37   c   οὐαί,   οἱ γελῶντες νῦν,

38   d   ὅτι **πενθήσετε** καὶ κλαύσετε.

39 26a οὐαὶ   ὅταν ὑμᾶς καλῶς **εἴπωσιν** πάντες οἱ ἄνθρωποι·

40   b   κατὰ τὰ αὐτὰ γὰρ ἐποίουν τοῖς ψευδοπροφήταις οἱ πατέρες αὐτῶν.

1   Mt 5,39-42.44-48; 7,12

2

3 44a ἐγὼ *δὲ λέγω / ὑμῖν □·

4   b   ἀγαπᾶτε τοὺς ἐχθροὺς ὑμῶν

5   □

6   □

7   c   καὶ προσεύχεσθε *ὑπὲρ τῶν *διωκόντων ὑμᾶς,

8 39b *ὅστις σε / *ῥαπίζει *εἰς τὴν δεξιὰν σιαγόνα σου,

9   c   *στρέψον αὐτῷ καὶ τὴν ἄλλην·

10 40a καὶ τῷ θέλοντί σοι κριθῆναι καὶ τὸν χιτῶνά / σου / *λαβεῖν,

11 b   *ἄφες αὐτῷ / καὶ τὸ ἱμάτιον·

12 41a καὶ ὅστις σε ἀγγαρεύσει μίλιον ἕν,

13 b   ὕπαγε μετ᾽ αὐτοῦ δύο.

14 42a □ τῷ αἰτοῦντί σε δός,

15 b   καὶ τὸν θέλοντα ἀπὸ *σοῦ *δανίσασθαι μὴ *ἀποστραφῇς.

16   7,12a πάντα *οὖν *ὅσα ἐὰν θέλητε ἵνα ποιῶσιν ὑμῖν οἱ ἄνθρωποι,

17   b   *οὕτως / καὶ ὑμεῖς ποιεῖτε αὐτοῖς·

18   c   οὗτος γάρ ἐστιν ὁ νόμος καὶ οἱ προφῆται.

19 46a *ἐὰν *γὰρ ἀγαπήσητε τοὺς ἀγαπῶντας ὑμᾶς,

20 b   *τίνα *μισθὸν *ἔχετε;

21 c   *οὐχὶ καὶ οἱ *τελῶναι τὸ αὐτὸ ποιοῦσιν;

22 47a καὶ □ ἐὰν *ἀσπάσησθε τοὺς *ἀδελφοὺς ὑμῶν μόνον,

23 b   *τί περισσὸν ποιεῖτε;

24 c   οὐχὶ καὶ οἱ *ἐθνικοὶ τὸ αὐτὸ ποιοῦσιν;

25   □ 42b

26   □

27   □

28   □

29   □

30   □

31   □

32 45a *ὅπως *γένησθε υἱοὶ τοῦ *πατρὸς ὑμῶν τοῦ ἐν οὐρανοῖς,

33 b   ὅτι τὸν ἥλιον αὐτοῦ ἀνατέλλει ἐπὶ □ πονηροὺς καὶ ἀγαθοὺς

34 c   καὶ βρέχει ἐπὶ δικαίους καὶ *ἀδίκους.

35 48a *ἔσεσθε οὖν ὑμεῖς *τέλειοι

36 b   *ὡς □ ὁ πατὴρ ὑμῶν ὁ οὐράνιος *τέλειός ἐστιν.

1   **Lc 6,27-36**

2

3 27a *ἀλλὰ ▫ **ὑμῖν** / λέγω τοῖς ἀκούουσιν·

4   b   **ἀγαπᾶτε τοὺς ἐχθροὺς ὑμῶν,**

5   c   καλῶς ποιεῖτε τοῖς μισοῦσιν ὑμᾶς,

6 28a   εὐλογεῖτε τοὺς καταρωμένους ὑμᾶς,

7   b   ▫ **προσεύχεσθε** *περὶ τῶν *ἐπηρεαζόντων **ὑμᾶς.**

8 29a *τῷ *τύπτοντί / σε *ἐπὶ **τὴν** ▫ **σιαγόνα** ▫

9   b   *πάρεχε ▫ **καὶ τὴν ἄλλην,**

10 c **καὶ** ▫ ἀπὸ τοῦ *αἴροντός / σου / **τὸ ἱμάτιον**

11 d   **καὶ τὸν χιτῶνα** / μὴ *κωλύσῃς ▫.

12   ▫

13   ▫

14 30a παντὶ ▫ **αἰτοῦντί** σε δίδου,

15 b **καὶ ἀπὸ** τοῦ *αἴροντος τὰ ***σὰ μὴ** *ἀπαίτει.

16 31a *καὶ ▫ *καθὼς ▫ **θέλετε ἵνα ποιῶσιν ὑμῖν οἱ ἄνθρωποι**

17 b   ▫ **ποιεῖτε αὐτοῖς** / *ὁμοίως.

18   ▫

19 32a *καὶ *εἰ **ἀγαπᾶτε τοὺς ἀγαπῶντας ὑμᾶς,**

20 b   *ποία ὑμῖν *χάρις *ἐστίν;

21 c   **καὶ** *γὰρ **οἱ** *ἁμαρτωλοὶ τοὺς ἀγαπῶντας αὐτοὺς ἀγαπῶσιν.

22 33a **καὶ** γὰρ **ἐὰν** *ἀγαθοποιῆτε **τοὺς** *ἀγαθοποιοῦντας **ὑμᾶς** ▫,

23 b   *ποία ὑμῖν χάρις ἐστίν;

24 c   ▫ **καὶ οἱ** *ἁμαρτωλοὶ **τὸ αὐτὸ ποιοῦσιν.**

25 34a καὶ ἐὰν **δανίσητε** παρ' ὧν ἐλπίζετε λαβεῖν,

26 b   ποία ὑμῖν χάρις ἐστίν;

27 c   καὶ ἁμαρτωλοὶ ἁμαρτωλοῖς δανίζουσιν ἵνα ἀπολάβωσιν τὰ ἴσα.

28 35a πλὴν ἀγαπᾶτε τοὺς ἐχθροὺς ὑμῶν

29 b   καὶ ἀγαθοποιεῖτε

30 c   καὶ δανίζετε μηδὲν ἀπελπίζοντες·

31 d   καὶ ἔσται ὁ μισθὸς ὑμῶν πολύς,

32 e   *καὶ *ἔσεσθε **υἱοὶ** *ὑψίστου,

33 f   **ὅτι** αὐτὸς χρηστός ἐστιν ἐπὶ τοὺς *ἀχαρίστους **καὶ πονηρούς.**

34   ▫

35 36a *γίνεσθε ▫ *οἰκτίρμονες

36 b   *καθὼς **καὶ ὁ πατὴρ ὑμῶν** ▫ *οἰκτίρμων **ἐστίν.**

Mt 7,1-5; 10,24-25; 15,14

1 □ **μὴ κρίνετε,** *ἵνα □ **μὴ κριθῆτε·**
2a ἐν ᾧ γὰρ κρίματι κρίνετε κριθήσεσθε,
   □
   □
   □
   □
   .□
b καὶ ἐν ᾧ μέτρῳ μετρεῖτε *μετρηθήσεται ὑμῖν.

   □
15,14a ἄφετε αὐτούς· τυφλοί εἰσιν ὁδηγοὶ τυφλῶν·
   b □ **τυφλὸς δὲ τυφλὸν ἐὰν ὁδηγῇ,**
   c □ **ἀμφότεροι εἰς βόθυνον *πεσοῦνται;**

10,24a **οὐκ ἔστιν μαθητὴς ὑπὲρ τὸν διδάσκαλον**
   b οὐδὲ δοῦλος ὑπὲρ τὸν κύριον αὐτοῦ.
25a ἀρκετὸν τῷ μαθητῇ ἵνα *γένηται **ὡς ὁ διδάσκαλος αὐτοῦ**
   b καὶ ὁ δοῦλος ὡς ὁ κύριος αὐτοῦ.

3a **τί δὲ βλέπεις τὸ κάρφος τὸ ἐν τῷ ὀφθαλμῷ τοῦ ἀδελφοῦ σου,**
   b **τὴν δὲ** □ **ἐν τῷ *σῷ ὀφθαλμῷ / δοκὸν οὐ κατανοεῖς;**
4a **ἢ πῶς** □ *ἐρεῖς **τῷ ἀδελφῷ σου·**
   b □ **ἄφες ἐκβάλω τὸ κάρφος** □ *ἐκ **τοῦ ὀφθαλμοῦ σου,**
   c **καὶ ἰδοὺ ἡ δοκὸς / ἐν τῷ ὀφθαλμῷ σου** □;
5a **ὑποκριτά, ἔκβαλε πρῶτον ἐκ τοῦ ὀφθαλμοῦ σου / τὴν δοκόν,**
   b **καὶ τότε διαβλέψεις**
   c **ἐκβαλεῖν / τὸ κάρφος** □ *ἐκ **τοῦ ὀφθαλμοῦ τοῦ ἀδελφοῦ σου.**

1   Lc 6,37-42

2

3 37a   καὶ **μὴ κρίνετε**, *καὶ οὐ **μὴ κριθῆτε·**

4   □

5   b   καὶ μὴ καταδικάζετε, καὶ οὐ μὴ καταδικασθῆτε.

6   c   ἀπολύετε,   καὶ ἀπολυθήσεσθε·

7 38a   δίδοτε,   καὶ δοθήσεται ὑμῖν·

8   b   μέτρον καλὸν πεπιεσμένον σεσαλευμένον ὑπερεκχυννόμενον

9   c   δώσουσιν εἰς τὸν κόλπον ὑμῶν·

10   d   □ **ᾧ γὰρ μέτρῳ μετρεῖτε** *ἀντιμετρηθήσεται ὑμῖν.

11

12 39a   εἶπεν δὲ καὶ παραβολὴν αὐτοῖς·

13   □

14   b   μήτι δύναται **τυφλὸς τυφλὸν ὁδηγεῖν;**

15   c   οὐχὶ **ἀμφότεροι εἰς βόθυνον** *ἐμπεσοῦνται;

16

17 40a   **οὐκ ἔστιν μαθητὴς ὑπὲρ τὸν διδάσκαλον·**

18   □

19   b   κατηρτισμένος δὲ πᾶς □ *ἔσται **ὡς ὁ διδάσκαλος αὐτοῦ.**

20   □

21

22 41a   **τί δὲ βλέπεις τὸ κάρφος τὸ ἐν τῷ ὀφθαλμῷ τοῦ ἀδελφοῦ σου,**

23   b   **τὴν δὲ δοκὸν** / τὴν ἐν τῷ *ἰδίῳ **ὀφθαλμῷ οὐ κατανοεῖς;**

24 42a   □ **πῶς** δύνασαι *λέγειν **τῷ ἀδελφῷ σου·**

25   b   ἀδελφέ, **ἄφες ἐκβάλω τὸ κάρφος** τὸ *ἐν **τῷ ὀφθαλμῷ σου,**

26   c   αὐτὸς τὴν ἐν **τῷ ὀφθαλμῷ σου** / **δοκὸν** οὐ βλέπων;

27   d   **ὑποκριτά, ἔκβαλε πρῶτον τὴν δοκὸν** / ἐκ **τοῦ ὀφθαλμοῦ σου,**

28   e   **καὶ τότε διαβλέψεις**

29   f   **τὸ κάρφος** τὸ *ἐν **τῷ ὀφθαλμῷ τοῦ ἀδελφοῦ σου** / **ἐκβαλεῖν.**

Mt 7,16-20; 12,33-35

3 7,18a οὐ ▫ *δύναται δένδρον *ἀγαθὸν
4　　b　　　　καρποὺς *πονηροὺς / ποιεῖν
5　　c οὐδὲ ▫ δένδρον σαπρὸν
6　　d　　　　καρποὺς καλοὺς / ποιεῖν.
7　 19a *πᾶν ▫ δένδρον ...
8　 16a *ἀπὸ τῶν καρπῶν *αὐτῶν *ἐπιγνώσεσθε αὐτούς.　　　20
9　　b　　　*μήτι ▫ συλλέγουσιν / *ἀπὸ ἀκανθῶν σταφυλὰς
10　　c　　　*ἢ　　　　　　　　*ἀπὸ *τριβόλων σῦκα ▫;
11 12,35a ὁ ἀγαθὸς ἄνθρωπος
12　　b　　　ἐκ τοῦ ἀγαθοῦ θησαυροῦ ▫*ἐκβάλλει ▫ ἀγαθά,
13　　c καὶ ὁ πονηρὸς ἄνθρωπος
14　　d　　　ἐκ τοῦ πονηροῦ θησαυροῦ*ἐκβάλλει ▫ πονηρά.
15　 34b ἐκ γὰρ τοῦ περισσεύματος τῆς καρδίας τὸ στόμα ▫ / λαλεῖ.
16
17 7,17a οὕτως πᾶν δένδρον *ἀγαθὸν
18　　b　　　καρποὺς καλοὺς / ποιεῖ,
19　　c τὸ *δὲ σαπρὸν / δένδρον
20　　d　　　καρποὺς *πονηροὺς / ποιεῖ.
21 12,33a ἢ ποιήσατε τὸ δένδρον καλὸν
22　　b　　　καὶ τὸν καρπὸν αὐτοῦ καλόν,
23　　c ἢ ποιήσατε τὸ δένδρον σαπρὸν
24　　d　　　καὶ τὸν καρπὸν αὐτοῦ σαπρόν·
25　　e ἐκ γὰρ τοῦ ▫ καρποῦ /
26　　f　　　τὸ δένδρον γινώσκεται.

1 Lc 6,43-45

2

3 43a οὐ γάρ *ἐστιν **δένδρον** *καλὸν
4 b   **ποιοῦν** / **καρπὸν** *σαπρόν,
5 c **οὐδὲ** πάλιν **δένδρον** σαπρὸν
6 d   **ποιοῦν** / **καρπὸν** καλόν.
7 44a *ἕκαστον γὰρ **δένδρον**
8 b   *ἐκ τοῦ *ἰδίου **καρποῦ** *γινώσκεται·
9 c   *οὐ γὰρ *ἐξ **ἀκανθῶν** / συλλέγουσιν σῦκα
10 d   *οὐδὲ *ἐκ *βάτου σταφυλὴν τρυγῶσιν.
11 45a ὁ ἀγαθὸς ἄνθρωπος
12 b   ἐκ τοῦ ἀγαθοῦ θησαυροῦ τῆς καρδίας *προφέρει τὸ ἀγαθόν,
13 c καὶ ὁ πονηρὸς □
14 d   ἐκ τοῦ πονηροῦ □   *προφέρει τὸ πονηρόν·
15 e ἐκ γὰρ □ περισσεύματος □ καρδίας λαλεῖ / τὸ στόμα αὐτοῦ.

16

17   43a
18   d
19   c
20   b
21   43a
22   d
23   c
24   b
25   44b
26   ab

1   Mt 7,21.24-27

2

3   21a οὐ πᾶς ὁ *λέγων μοι· **κύριε κύριε,**

4   b   εἰσελεύσεται εἰς τὴν βασιλείαν τῶν οὐρανῶν,

5   c   ἀλλ᾽ ὁ **ποιῶν**

6   d   τὸ θέλημα τοῦ πατρός μου τοῦ ἐν τοῖς οὐρανοῖς.

7   24a **πᾶς** οὖν *ὅστις □ **ἀκούει μου** τοὺς **λόγους** τούτους

8   b   **καὶ ποιεῖ αὐτούς,**

9   □

10   c   ***ὁμοιωθήσεται ***ἀνδρὶ φρονίμῳ,

11   d   *ὅστις ᾠκοδόμησεν αὐτοῦ τὴν **οἰκίαν**

12   □

13   e   □ 25f **ἐπὶ τὴν πέτραν·**

14 25a ***καὶ ***κατέβη ἡ ***βροχὴ**

15   b   καὶ ἦλθον **οἱ ποταμοὶ**

16   c   καὶ ἔπνευσαν οἱ ἄνεμοι

17   d   καὶ *προσέπεσαν **τῇ οἰκίᾳ ἐκείνῃ.**

18   e   **καὶ οὐκ *ἔπεσεν,**

19   f   ***τεθεμελίωτο ***γὰρ ἐπὶ τὴν πέτραν.

20 26a ***καὶ πᾶς ὁ ἀκούων** μου τοὺς **λόγους** τούτους

21   b   **καὶ μὴ ποιῶν αὐτοὺς**

22   c   ***ὁμοιωθήσεται ***ἀνδρὶ μωρῷ,**

23   d   ὅστις ᾠκοδόμησεν αὐτοῦ τὴν **οἰκίαν**

24   e   **ἐπὶ τὴν *ἄμμον·**

25 27a καὶ κατέβη ἡ βροχὴ

26   b   καὶ ἦλθον **οἱ ποταμοὶ**

27   c   καὶ ἔπνευσαν οἱ ἄνεμοι

28   d   καὶ *προσέκοψαν **τῇ οἰκίᾳ ἐκείνῃ,**

29   e   **καὶ □ *ἔπεσεν**

30   f   **καὶ ***ἦν ἡ ***πτῶσις ***αὐτῆς μεγάλη.**

1   **Lc 6,46-49**

2

3 46a τί δέ **με** *καλεῖτε· **κύριε κύριε,**

4   □

5 b   **καὶ** οὐ **ποιεῖτε**

6 c   ἃ λέγω;

7 47a **πᾶς** □ *ὁ ἐρχόμενος πρός με καὶ **ἀκούων μου** τῶν λόγων □

8 b   **καὶ ποιῶν αὐτούς,**

9 c   ὑποδείξω ὑμῖν τίνι ἐστὶν ὅμοιος·

10 48a *ὅμοιός ἐστιν *ἀνθρώπῳ □

11 b   οἰκοδομοῦντι □ **οἰκίαν**

12 c   *ὃς ἔσκαψεν καὶ ἐβάθυνεν

13 d   καὶ ἔθηκεν θεμέλιον **ἐπὶ τὴν πέτραν·**

14 e   *πλημμύρης *δὲ *γενομένης

15 f   *προσέρηξεν **ὁ ποταμὸς**

16   □

17 g   48f **τῇ οἰκίᾳ ἐκείνῃ,**

18 h   **καὶ οὐκ** ἴσχυσεν *σαλεῦσαι αὐτὴν

19 i   *διὰ τὸ καλῶς *οἰκοδομῆσθαι αὐτήν.

20 49a □ **ὁ** *δὲ **ἀκούσας** □

21 b   **καὶ μὴ ποιήσας** □

22 c   *ὅμοιός ἐστιν *ἀνθρώπῳ □

23 d   □ οἰκοδομήσαντι □ **οἰκίαν**

24 e   **ἐπὶ τὴν** *γῆν χωρὶς θεμελίου,

25   □

26 f   ᾗ *προσέρηξεν **ὁ ποταμός,**

27   □

28   □ 49fh

29 g   **καὶ** εὐθὺς *συνέπεσεν

30 h   **καὶ** *ἐγένετο τὸ *ῥῆγμα *τῆς **οἰκίας ἐκείνης** μέγα.

Mt 7,28a; 8,5-10.13

28a καὶ ἐγένετο
   b *ὅτε *ἐτέλεσεν ὁ Ἰησοῦς ▫ τοὺς *λόγους *τούτους...

8,5a εἰσελθόντος δὲ αὐτοῦ εἰς **Καφαρναοὺμ**
   5b, 6b
   6c

   b   *προσῆλθεν **αὐτῷ ἑκατόνταρχος**
6a   ***παρακαλῶν αὐτὸν** ' **καὶ λέγων·**
   b   κύριε, ὁ *παῖς μου βέβληται ἐν τῇ **οἰκίᾳ** *παραλυτικός,
   c   δεινῶς *βασανιζόμενος.
7a καὶ λέγει αὐτῷ·
   b   ἐγὼ **ἐλθὼν** *θεραπεύσω *αὐτόν.

       6a

8a *καὶ ἀποκριθεὶς
       ▫
   b   ὁ ***ἑκατόνταρχος** *ἔφη ▫·
   c   **κύριε,** ▫
   d   **οὐκ** ▫ **εἰμὶ / ἱκανὸς ἵνα μου / ὑπὸ τὴν στέγην εἰσέλθῃς,**
       ▫
   e   **ἀλλὰ μόνον εἰπὲ λόγῳ, καὶ ἰαθήσεται ὁ παῖς μου.**
9a   **καὶ γὰρ ἐγὼ ἄνθρωπός εἰμι ὑπὸ ἐξουσίαν** ▫,
   b   **ἔχων ὑπ’ ἐμαυτὸν στρατιώτας,**
   c   **καὶ λέγω τούτῳ·   πορεύθητι,   καὶ πορεύεται,**
   d   **καὶ ἄλλῳ·   ἔρχου,   καὶ ἔρχεται,**
   e   **καὶ τῷ δούλῳ μου· ποίησον τοῦτο, καὶ ποιεῖ.**
10a **ἀκούσας δὲ** ▫ **ὁ Ἰησοῦς ἐθαύμασεν** ▫
   b **καὶ** ▫ **εἶπεν / τοῖς ἀκολουθοῦσιν** ▫·
   c   **ἀμὴν λέγω ὑμῖν,**
   d   **παρ’ *οὐδενὶ τοσαύτην πίστιν / ἐν τῷ Ἰσραὴλ εὗρον.**
13a καὶ εἶπεν ὁ Ἰησοῦς τῷ ἑκατοντάρχῃ·
   b   ὕπαγε, ὡς ἐπίστευσας γενηθήτω σοι.
   c **καὶ** ▫
   d *ἰάθη ὁ *παῖς αὐτοῦ ἐν τῇ ὥρᾳ ἐκείνη.

Lc 7,1-10

□

1a *ἐπειδὴ *ἐπλήρωσεν □ πάντα τὰ *ῥήματα *αὐτοῦ
 b   εἰς τὰς ἀκοὰς τοῦ λαοῦ,
 c   **εἰσῆλθεν** □ **εἰς Καφαρναούμ.**

2a **ἑκατοντάρχου** δέ τινος *δοῦλος *κακῶς ἔχων
 b   ἤμελλεν *τελευτᾶν,
 c   ὃς ἦν αὐτῷ ἔντιμος.

3a ἀκούσας δὲ περὶ τοῦ Ἰησοῦ
 b   *ἀπέστειλεν πρὸς **αὐτὸν** πρεσβυτέρους τῶν Ἰουδαίων
 c   *ἐρωτῶν **αὐτὸν** 4b
        2a
        2b

 d   ὅπως **ἐλθὼν** *διασώσῃ τὸν *δοῦλον αὐτοῦ.

4a οἱ δὲ παραγενόμενοι πρὸς τὸν Ἰησοῦν
 b   **παρεκάλουν αὐτὸν** σπουδαίως λέγοντες ὅτι
 c   ἄξιός ἐστιν ᾧ παρέξῃ τοῦτο·

5a   ἀγαπᾷ γὰρ τὸ ἔθνος ἡμῶν
 b   καὶ τὴν συναγωγὴν αὐτὸς ᾠκοδόμησεν ἡμῖν.

6a   ὁ δὲ Ἰησοῦς ἐπορεύετο σὺν αὐτοῖς.
 b ἤδη *δὲ αὐτοῦ οὐ μακρὰν ἀπέχοντος ἀπὸ τῆς **οἰκί**ας
 c   ἔπεμψεν φίλους
 d   **ὁ *ἑκατοντάρχης *λέγων αὐτῷ·**
 e   **κύριε, μὴ σκύλλου,**
 f   **οὐ** γὰρ **ἱκανός** / **εἰμι ἵνα** ὑπὸ τὴν στέγην / **μου εἰσέλθῃς·**

7a   διὸ οὐδὲ ἐμαυτὸν ἠξίωσα πρὸς σὲ ἐλθεῖν·
 b   **ἀλλὰ** □ **εἰπὲ λόγῳ, καὶ ἰαθήτω ὁ παῖς μου.**

8a   **καὶ** γὰρ **ἐγὼ ἄνθρωπός εἰμι** ὑπὸ **ἐξουσίαν** τασσόμενος
 b   **ἔχων** ὑπ' **ἐμαυτὸν στρατιώτας,**
 c   **καὶ λέγω τούτῳ·   πορεύθητι,   καὶ πορεύεται,**
 d   **καὶ ἄλλῳ·   ἔρχου,   καὶ ἔρχεται,**
 e   **καὶ τῷ δούλῳ μου· ποίησον τοῦτο, καὶ ποιεῖ.**

9a **ἀκούσας** δὲ ταῦτα **ὁ Ἰησοῦς ἐθαύμασεν αὐτὸν**
 b **καὶ** στραφεὶς τῷ **ἀκολουθοῦντι** αὐτῷ ὄχλῳ / **εἶπεν·**
 c   □ **λέγω ὑμῖν,**
 d   ***οὐδὲ ἐν τῷ Ἰσραὴλ** / **τοσαύτην πίστιν εὗρον.**
        □
        □

10a **καὶ** ὑποστρέψαντες εἰς τὸν οἶκον οἱ πεμφθέντες
 b   εὗρον τὸν *δοῦλον *ὑγιαίνοντα.

1   **Mt 11,2-6**

2

3   2a ὁ *δὲ Ἰωάννης ἀκούσας ἐν τῷ δεσμωτηρίῳ τὰ *ἔργα τοῦ Χριστοῦ

4

5   b   πέμψας διὰ τῶν μαθητῶν αὐτοῦ □

6   3a   *εἶπεν αὐτῷ·

7   b   σὺ εἶ ὁ ἐρχόμενος ἢ *ἕτερον προσδοκῶμεν;

8   □

9   2ab

10   3a

11   3b

12   □

13   □

14   □

15   4a καὶ ἀποκριθεὶς ὁ Ἰησοῦς εἶπεν αὐτοῖς·

16   b   πορευθέντες ἀπαγγείλατε Ἰωάννῃ ἃ ἀκούετε / καὶ / *βλέπετε·

17   5a   τυφλοὶ ἀναβλέπουσιν καὶ χωλοὶ περιπατοῦσιν,

18   b   λεπροὶ καθαρίζονται καὶ κωφοὶ ἀκούουσιν,

19   c   καὶ νεκροὶ ἐγείρονται καὶ πτωχοὶ εὐαγγελίζονται·

20   6   καὶ μακάριός ἐστιν ὃς ἐὰν μὴ σκανδαλισθῇ ἐν ἐμοί.

21

22   **Mt 11,7-11**

23

24   7a *τούτων δὲ *πορευομένων

25   b   ἤρξατο ὁ Ἰησοῦς λέγειν □ τοῖς ὄχλοις περὶ Ἰωάννου·

26   c   τί ἐξήλθατε εἰς τὴν ἔρημον θεάσασθαι;

27   d   κάλαμον ὑπὸ ἀνέμου σαλευόμενον;

28   8a ἀλλὰ τί ἐξήλθατε ἰδεῖν;

29   b   ἄνθρωπον ἐν μαλακοῖς □ ἠμφιεσμένον;

30   c   ἰδοὺ οἱ τὰ *μαλακὰ *φοροῦντες

31   d   ἐν τοῖς *οἴκοις τῶν βασιλέων εἰσίν.

32   9a ἀλλὰ τί ἐξήλθατε ἰδεῖν;

33   b   προφήτην;

34   c   ναὶ λέγω ὑμῖν, καὶ περισσότερον προφήτου.

35   10a οὗτός ἐστιν περὶ οὗ γέγραπται·

36   b   ἰδοὺ ἐγὼ ἀποστέλλω τὸν ἄγγελόν μου πρὸ προσώπου σου,

37   c   ὃς κατασκευάσει τὴν ὁδόν σου ἔμπροσθέν σου.

38   11a ἀμὴν λέγω ὑμῖν·

39   b   *οὐκ *ἐγήγερται / ἐν γεννητοῖς γυναικῶν /

40   c   μείζων Ἰωάννου τοῦ βαπτιστοῦ·

41   d   ὁ δὲ μικρότερος ἐν τῇ βασιλείᾳ τῶν *οὐρανῶν

42   e   μείζων αὐτοῦ ἐστιν.

1   Lc 7,18-23

2

3 18a *καὶ ἀπήγγειλαν Ἰωάννῃ οἱ μαθηταὶ αὐτοῦ περὶ *πάντων τούτων.
4   b   καὶ προσκαλεσάμενος δύο τινὰς **τῶν μαθητῶν αὐτοῦ**
5 19a   ὁ **Ἰωάννης** ¹ ἔπεμψεν πρὸς τὸν κύριον
6   b   *λέγων □·
7   c   σὺ εἶ ὁ ἐρχόμενος ἢ *ἄλλον **προσδοκῶμεν;**
8 20a παραγενόμενοι δὲ πρὸς αὐτὸν οἱ ἄνδρες εἶπαν·
9   b   Ἰωάννης ὁ βαπτιστὴς ἀπέστειλεν ἡμᾶς πρὸς σὲ
10   c   λέγων·
11   d   σὺ εἶ ὁ ἐρχόμενος ἢ ἄλλον προσδοκῶμεν;
12 21a ἐν ἐκείνῃ τῇ ὥρᾳ ἐθεράπευσεν πολλοὺς
13   b   ἀπὸ νόσων καὶ μαστίγων καὶ πνευμάτων πονηρῶν
14   c   καὶ τυφλοῖς πολλοῖς ἐχαρίσατο βλέπειν.
15 22a **καὶ ἀποκριθεὶς □ εἶπεν αὐτοῖς·**
16   b   **πορευθέντες ἀπαγγείλατε Ἰωάννῃ ἃ *εἴδετε / καὶ / ἠκούσατε·**
17   c   **τυφλοὶ ἀναβλέπουσιν, □ χωλοὶ περιπατοῦσιν,**
18   d   **λεπροὶ καθαρίζονται καὶ κωφοὶ ἀκούουσιν,**
19   e   **□ νεκροὶ ἐγείρονται, □ πτωχοὶ εὐαγγελίζονται·**
20 23a **καὶ μακάριός ἐστιν ὃς ἐὰν μὴ σκανδαλισθῇ ἐν ἐμοί.**

21

22   Lc 7,24-28

23

24 24a *ἀπελθόντων δὲ τῶν *ἀγγέλων Ἰωάννου
25   b   **ἤρξατο** □ λέγειν πρὸς τοὺς **ὄχλους** περὶ Ἰωάννου·
26   c   τί ἐξήλθατε εἰς τὴν **ἔρημον θεάσασθαι;**
27   d   **κάλαμον ὑπὸ ἀνέμου σαλευόμενον;**
28 25a **ἀλλὰ τί ἐξήλθατε ἰδεῖν;**
29   b   **ἄνθρωπον ἐν μαλακοῖς ἱματίοις ἠμφιεσμένον;**
30   c   **ἰδοὺ οἱ ἐν ἱματισμῷ *ἐνδόξῳ καὶ τρυφῇ *ὑπάρχοντες**
31   d   **ἐν τοῖς *βασιλείοις εἰσίν.**
32 26a **ἀλλὰ τί ἐξήλθατε ἰδεῖν;**
33   b   **προφήτην;**
34   c   ναὶ λέγω ὑμῖν, καὶ περισσότερον προφήτου.
35 27a οὗτός ἐστιν περὶ οὗ γέγραπται·
36   b   **ἰδοὺ □ ἀποστέλλω τὸν ἄγγελόν μου πρὸ προσώπου σου,**
37   c   **ὃς κατασκευάσει τὴν ὁδόν σου ἔμπροσθέν σου.**
38 28a □ λέγω ὑμῖν,
39   b   **μείζων / ἐν γεννητοῖς γυναικῶν**
40   c   Ἰωάννου □ / *οὐδείς *ἐστιν·
41   d   ὁ δὲ **μικρότερος** ἐν τῇ **βασιλείᾳ** τοῦ *θεοῦ
42   e   **μείζων αὐτοῦ ἐστιν.**

1   Mt 11,16-19

2

3 16a τίνι *δὲ ὁμοιώσω ▫ τὴν γενεὰν ταύτην;

4   b ▫

5   c ὁμοία ἐστὶν παιδίοις ▫ καθημένοις / ἐν ταῖς ἀγοραῖς

6   d ἃ προσφωνοῦντα τοῖς *ἑτέροις

7 17a λέγουσιν·

8   b ηὐλήσαμεν ὑμῖν καὶ οὐκ ὠρχήσασθε,

9   c ἐθρηνήσαμεν καὶ οὐκ *ἐκόψασθε.

10 18a ἦλθεν γὰρ Ἰωάννης ▫

11   b *μήτε ἐσθίων ▫ μήτε πίνων ▫,

12   c καὶ λέγουσιν· δαιμόνιον ἔχει.

13 19a ἦλθεν ὁ υἱὸς τοῦ ἀνθρώπου

14   b ἐσθίων καὶ πίνων,

15   c καὶ λέγουσιν· ἰδοὺ ἄνθρωπος φάγος καὶ οἰνοπότης,

16   d τελωνῶν / φίλος καὶ ἁμαρτωλῶν.

17   e καὶ ἐδικαιώθη ἡ σοφία ἀπὸ ▫ τῶν *ἔργων αὐτῆς.

18

19   Mt 8,19-22

20

21 19a καὶ ▫

22   b προσελθὼν *εἷς γραμματεὺς / εἶπεν αὐτῷ·

23   c διδάσκαλε, ἀκολουθήσω σοι ὅπου ἐὰν ἀπέρχῃ.

24 20a καὶ *λέγει αὐτῷ ὁ Ἰησοῦς·

25   b αἱ ἀλώπεκες φωλεοὺς ἔχουσιν

26   c καὶ τὰ πετεινὰ τοῦ οὐρανοῦ κατασκηνώσεις,

27   d ὁ δὲ υἱὸς τοῦ ἀνθρώπου οὐκ ἔχει ποῦ τὴν κεφαλὴν κλίνῃ.

28   ▫

29   22b

30 21a *ἕτερος δὲ τῶν μαθητῶν αὐτοῦ εἶπεν αὐτῷ·

31   b κύριε, ἐπίτρεψόν μοι

32   c πρῶτον / ἀπελθεῖν καὶ θάψαι τὸν πατέρα μου.

33 22a ὁ δὲ Ἰησοῦς *λέγει αὐτῷ·

34   b ἀκολούθει μοι

35   c καὶ ἄφες τοὺς νεκροὺς θάψαι τοὺς ἑαυτῶν νεκρούς.

36   ▫

37   21a

38   19c

39   21bc

40   22a

1   Lc 7,31-35

2

3 31a τίνι *οὖν ὁμοιώσω τοὺς ἀνθρώπους τῆς γενεᾶς ταύτης
4   b καὶ τίνι εἰσὶν ὅμοιοι;
5 32a ὅμοιοί εἰσιν παιδίοις τοῖς ἐν □ ἀγορᾷ / καθημένοις
6   b καὶ προσφωνοῦσιν *ἀλλήλοις
7   c   ἃ λέγει·
8   d   ηὐλήσαμεν ὑμῖν καὶ οὐκ ὠρχήσασθε,
9   e   ἐθρηνήσαμεν καὶ οὐκ *ἐκλαύσατε.
10 33a ἐλήλυθεν γὰρ Ἰωάννης ὁ βαπτιστὴς
11   b   *μὴ ἐσθίων ἄρτον μήτε πίνων οἶνον,
12   c   καὶ λέγετε· δαιμόνιον ἔχει.
13 34a ἐλήλυθεν ὁ υἱὸς τοῦ ἀνθρώπου
14   b   ἐσθίων καὶ πίνων,
15   c   καὶ λέγετε· ἰδοὺ ἄνθρωπος φάγος καὶ οἰνοπότης,
16   d   φίλος / τελωνῶν καὶ ἁμαρτωλῶν.
17 35 καὶ ἐδικαιώθη ἡ σοφία ἀπὸ πάντων τῶν *τέκνων αὐτῆς.

18

19   Lc 9,57-62

20

21 57a καὶ πορευομένων αὐτῶν ἐν τῇ ὁδῷ
22   b □ εἶπέν / *τις □ πρὸς αὐτόν·
23   c   □ ἀκολουθήσω σοι ὅπου ἐὰν ἀπέρχῃ.
24 58a καὶ *εἶπεν αὐτῷ ὁ Ἰησοῦς·
25   b   αἱ ἀλώπεκες φωλεοὺς ἔχουσιν
26   c   καὶ τὰ πετεινὰ τοῦ οὐρανοῦ κατασκηνώσεις,
27   d   ὁ δὲ υἱὸς τοῦ ἀνθρώπου οὐκ ἔχει ποῦ τὴν κεφαλὴν κλίνῃ.
28 59a εἶπεν δὲ πρὸς ἕτερον·
29   b   ἀκολούθει μοι.
30   c *ὁ δὲ □ εἶπεν □·
31   d   κύριε, ἐπίτρεψόν μοι
32   e   ἀπελθόντι / πρῶτον □ θάψαι τὸν πατέρα μου.
33 60a □ *εἶπεν δὲ αὐτῷ·
34   59b
35   b □ ἄφες τοὺς νεκροὺς θάψαι τοὺς ἑαυτῶν νεκρούς,
36   c σὺ δὲ ἀπελθὼν διάγγελλε τὴν βασιλείαν τοῦ θεοῦ.
37 61a εἶπεν δὲ καὶ ἕτερος·
38   b ἀκολουθήσω σοι, κύριε·
39   c πρῶτον δὲ ἐπίτρεψόν μοι ἀποτάξασθαι τοῖς εἰς τὸν οἶκόν μου.
40 62a εἶπεν δὲ πρὸς αὐτὸν ὁ Ἰησοῦς·
41   b οὐδεὶς ἐπιβαλὼν τὴν χεῖρα ἐπ' ἄροτρον
42   c καὶ βλέπων εἰς τὰ ὀπίσω
43   d εὔθετός ἐστιν τῇ βασιλείᾳ τοῦ θεοῦ.

Mt 9,37-38; 10,7-16

37a *τότε λέγει τοῖς *μαθηταῖς αὐτοῦ·

 b ὁ μὲν θερισμὸς πολύς, οἱ δὲ ἐργάται ὀλίγοι·

38a δεήθητε οὖν τοῦ κυρίου τοῦ θερισμοῦ

 b ὅπως ἐκβάλῃ / ἐργάτας εἰς τὸν θερισμὸν αὐτοῦ.

10,7-16

16a □ ἰδοὺ ἐγὼ ἀποστέλλω ὑμᾶς ὡς *πρόβατα ἐν μέσῳ λύκων·

 b γίνεσθε οὖν φρόνιμοι ὡς οἱ ὄφεις καὶ ἀκέραιοι ὡς αἱ περιστεραί.

9a μὴ *κτήσησθε *χρυσὸν μηδὲ ἄργυρον μηδὲ χαλκὸν

 b εἰς τὰς ζώνας ὑμῶν,

10a μὴ πήραν εἰς ὁδὸν

 b μηδὲ δύο χιτῶνας *μηδὲ ὑποδήματα μηδὲ ῥάβδον·

 □ 10a 12

11a εἰς ἣν δ᾽ ἂν πόλιν ἢ κώμην εἰσέλθητε,

 b ἐξετάσατε τίς ἐν αὐτῇ ἄξιός ἐστιν·

 c κἀκεῖ μείνατε ἕως ἂν ἐξέλθητε.

12 εἰσερχόμενοι δὲ εἰς τὴν οἰκίαν *ἀσπάσασθε αὐτήν·

 □ 13c

13a καὶ ἐὰν μὲν □ ᾖ ἡ οἰκία ἀξία,

 b *ἐλθάτω ἡ εἰρήνη ὑμῶν / ἐπ᾽ αὐτήν,

 c *ἐὰν δὲ μὴ □ ᾖ ἀξία, ἡ εἰρήνη ὑμῶν *πρὸς ὑμᾶς *ἐπιστραφήτω.

 □ 11c

10c ἄξιος γὰρ ὁ ἐργάτης τῆς *τροφῆς αὐτοῦ.

 □

 □ 11a

 □

8a □ *ἀσθενοῦντας / θεραπεύετε,

 b νεκροὺς ἐγείρετε, λεπροὺς καθαρίζετε, δαιμόνια ἐκβάλλετε·

 c δωρεὰν ἐλάβετε, δωρεὰν δότε.

7a πορευόμενοι *δὲ κηρύσσετε λέγοντες □ ὅτι

 b ἤγγικεν □ ἡ βασιλεία τῶν *οὐρανῶν.

14a □ καὶ ὃς ἂν μὴ δέξηται ὑμᾶς μηδὲ ἀκούσῃ τοὺς λόγους ὑμῶν,

 b ἐξερχόμενοι *ἔξω τῆς οἰκίας ἢ τῆς πόλεως ἐκείνης □

 c □ *ἐκτινάξατε / τὸν κονιορτὸν

 d □ τῶν ποδῶν ὑμῶν.

 14c

 □

15a ἀμὴν λέγω ὑμῖν □,

 b ἀνεκτότερον ἔσται / γῇ Σοδόμων καὶ Γομόρρων ἐν □ ἡμέρᾳ *κρίσεως

 c ἢ τῇ πόλει ἐκείνῃ.

Lc 10,2-12

2a ἔλεγεν *δὲ πρὸς *αὐτούς·
 b ὁ μὲν θερισμὸς πολύς, οἱ δὲ ἐργάται ὀλίγοι·
 c δεήθητε οὖν τοῦ κυρίου τοῦ θερισμοῦ
 d ὅπως ἐργάτας / ἐκβάλῃ εἰς τὸν θερισμὸν αὐτοῦ.

3 ὑπάγετε· ἰδοὺ □ ἀποστέλλω ὑμᾶς ὡς *ἄρνας ἐν μέσῳ λύκων.
   □
4a μὴ *βαστάζετε *βαλλάντιον □,
   □
 b μὴ πήραν □,
 c □ *μὴ ὑποδήματα □,
 d καὶ μηδένα κατὰ τὴν ὁδὸν ἀσπάσησθε.
5a εἰς ἣν δ' ἂν 8a □ εἰσέλθητε
   □
   □ 7a
 b □ οἰκίαν, πρῶτον *λέγετε·
 c εἰρήνη τῷ οἴκῳ τούτῳ.
6a καὶ ἐὰν □ ἐκεῖ ᾖ υἱὸς εἰρήνης,
 b *ἐπαναπαήσεται ἐπ' αὐτὸν / ἡ εἰρήνη ὑμῶν·
 c *εἰ δὲ μή γε □, □ *ἐφ' ὑμᾶς *ἀνακάμψει.
7a ἐν αὐτῇ δὲ τῇ οἰκίᾳ μένετε ἐσθίοντες καὶ πίνοντες τὰ παρ' αὐτῶν·
 b ἄξιος γὰρ ὁ ἐργάτης τοῦ *μισθοῦ αὐτοῦ.
 c μὴ μεταβαίνετε ἐξ οἰκίας εἰς οἰκίαν.
8a καὶ εἰς ἣν ἂν πόλιν εἰσέρχησθε καὶ δέχωνται ὑμᾶς,
 b ἐσθίετε τὰ παρατιθέμενα ὑμῖν
9a καὶ θεραπεύετε / τοὺς ἐν αὐτῇ *ἀσθενεῖς
   □
   □
 b □ *καὶ □ λέγετε αὐτοῖς □·
 c ἤγγικεν ἐφ' ὑμᾶς ἡ βασιλεία τοῦ *θεοῦ.
10a εἰς ἣν δ' ἂν πόλιν εἰσέλθητε καὶ μὴ δέχωνται ὑμᾶς □,
 b ἐξελθόντες εἰς τὰς πλατείας αὐτῆς εἴπατε·
11a καὶ τὸν κονιορτὸν
 b τὸν κολληθέντα ἡμῖν *ἐκ τῆς πόλεως ὑμῶν εἰς τοὺς πόδας
 c / *ἀπομασσόμεθα ὑμῖν·
 d πλὴν τοῦτο γινώσκετε ὅτι ἤγγικεν ἡ βασιλεία τοῦ θεοῦ.
12a □ λέγω ὑμῖν ὅτι
 b □ Σοδόμοις □ ἐν τῇ ἡμέρᾳ *ἐκείνῃ / ἀνεκτότερον ἔσται
 c ἢ τῇ πόλει ἐκείνῃ.

1   Mt 11,21-23

2

3 21a οὐαί σοι, Χοραζίν, οὐαί σοι, Βηθσαϊδά·
4   b   ὅτι εἰ ἐν Τύρῳ καὶ Σιδῶνι ἐγένοντο αἱ δυνάμεις
5   c   αἱ γενόμεναι ἐν ὑμῖν,
6   d   πάλαι ἂν ἐν σάκκῳ καὶ σποδῷ □ μετενόησαν.
7 22a πλὴν λέγω ὑμῖν,
8   b   Τύρῳ καὶ Σιδῶνι ἀνεκτότερον ἔσται ἐν □ ἡμέρᾳ κρίσεως
9   c   ἢ ὑμῖν.
10 23a καὶ σύ, Καφαρναούμ, μὴ ἕως οὐρανοῦ ὑψωθήσῃ;
11   b   ἕως □ ᾅδου καταβήσῃ.

12

13   Mt 10,40

14

15 40a ὁ *δεχόμενος ὑμᾶς ἐμὲ *δέχεται,

16   □

17   b *καὶ ὁ ἐμὲ *δεχόμενος
18   c   *δέχεται τὸν ἀποστείλαντά με.

19

20   Mt 11,25-27; 13,16-17

21

22 25a ἐν *ἐκείνῳ τῷ *καιρῷ □
23   b   □ ἀποκριθεὶς ὁ Ἰησοῦς εἶπεν·
24   c ἐξομολογοῦμαί σοι, πάτερ, κύριε τοῦ οὐρανοῦ καὶ τῆς γῆς,
25   d   ὅτι *ἔκρυψας ταῦτα ἀπὸ σοφῶν καὶ συνετῶν
26   e   καὶ ἀπεκάλυψας αὐτὰ νηπίοις·
27 26a ναὶ ὁ πατήρ,
28   b   ὅτι οὕτως εὐδοκία ἐγένετο ἔμπροσθέν σου.
29 27a πάντα μοι παρεδόθη ὑπὸ τοῦ πατρός μου,
30   b   καὶ οὐδεὶς *ἐπιγινώσκει □ τὸν υἱὸν
31   c   εἰ μὴ ὁ πατήρ,
32   d *οὐδὲ □ τὸν πατέρα τις ἐπιγινώσκει
33   e   εἰ μὴ ὁ υἱὸς
34   f   καὶ ᾧ ἐὰν βούληται ὁ υἱὸς ἀποκαλύψαι.
35 13,16-17
36 16a ὑμῶν δὲ μακάριοι οἱ ὀφθαλμοὶ
37   b   ὅτι βλέπουσιν □
38   c καὶ τὰ ὦτα ὑμῶν
39   d   ὅτι ἀκούουσιν.
40 17a ἀμὴν γὰρ λέγω ὑμῖν ὅτι
41   b   πολλοὶ προφῆται καὶ *δίκαιοι *ἐπεθύμησαν
42   c   ἰδεῖν ἃ □ βλέπετε καὶ οὐκ εἶδαν,
43   d   καὶ ἀκοῦσαι ἃ ἀκούετε καὶ οὐκ ἤκουσαν.

1   **Lc 10,13-15**

2

3 13a   οὐαί σοι, Χοραζίν, οὐαί σοι, Βηθσαϊδά·

4   b   ὅτι εἰ ἐν Τύρῳ καὶ Σιδῶνι ἐγενήθησαν αἱ δυνάμεις

5   c   αἱ γενόμεναι ἐν ὑμῖν,

6   d   πάλαι ἂν ἐν σάκκῳ καὶ σποδῷ καθήμενοι μετενόησαν.

7 14a   πλὴν □

8   b   Τύρῳ καὶ Σιδῶνι ἀνεκτότερον. ἔσται ἐν □ τῇ κρίσει

9   c   ἢ ὑμῖν.

10 15a   καὶ σύ, Καφαρναούμ, μὴ ἕως οὐρανοῦ ὑψωθήσῃ;

11   b   ἕως τοῦ ᾅδου καταβήσῃ.

12

13   **Lc 10,16**

14

15 16a   ὁ *ἀκούων ὑμῶν ἐμοῦ *ἀκούει,

16   b   καὶ ὁ ἀθετῶν ὑμᾶς ἐμὲ ἀθετεῖ·

17   c   ὁ *δὲ ἐμὲ *ἀθετῶν

18   d   *ἀθετεῖ τὸν ἀποστείλαντά με.

19

20   **Lc 10,21-24**

21

22 21a   ἐν *αὐτῇ τῇ *ὥρᾳ ἠγαλλιάσατο ἐν τῷ πνεύματι τῷ ἁγίῳ

23   b   καὶ □ εἶπεν·

24   c   ἐξομολογοῦμαί σοι, πάτερ, κύριε τοῦ οὐρανοῦ καὶ τῆς γῆς,

25   d   ὅτι *ἀπέκρυψας ταῦτα ἀπὸ σοφῶν καὶ συνετῶν

26   e   καὶ ἀπεκάλυψας αὐτὰ νηπίοις·

27   f   ναὶ ὁ πατήρ,

28   g   ὅτι οὕτως εὐδοκία ἐγένετο ἔμπροσθέν σου.

29 22a   πάντα μοι παρεδόθη ὑπὸ τοῦ πατρός μου,

30   b   καὶ οὐδεὶς *γινώσκει τίς ἐστιν ὁ υἱὸς

31   c   εἰ μὴ ὁ πατήρ,

32   d   *καὶ τίς ἐστιν ὁ πατὴρ □

33   e   εἰ μὴ ὁ υἱὸς

34   f   καὶ ᾧ ἐὰν βούληται ὁ υἱὸς ἀποκαλύψαι.

35 23a   καὶ στραφεὶς πρὸς τοὺς μαθητὰς κατ᾿ ἰδίαν εἶπεν·

36   b   □ μακάριοι οἱ ὀφθαλμοὶ

37   c   οἱ βλέποντες ἃ βλέπετε.

38   □

39   □

40 24a   □ λέγω γὰρ ὑμῖν ὅτι

41   b   πολλοὶ προφῆται καὶ *βασιλεῖς *ἠθέλησαν

42   c   ἰδεῖν ἃ ὑμεῖς βλέπετε καὶ οὐκ εἶδαν,

43   d   καὶ ἀκοῦσαι ἃ ἀκούετε καὶ οὐκ ἤκουσαν.

1   Mt 6,9-13

2

3   9a   *οὕτως οὖν **προσεύχεσθε** ὑμεῖς ☐·

4   b   **πάτερ ἡμῶν ὁ** ἐν τοῖς οὐρανοῖς·

5   c   **ἁγιασθήτω τὸ ὄνομά σου·**

6 10a   **ἐλθέτω ἡ βασιλεία σου·**

7   b   γενηθήτω τὸ θέλημά σου,

8   c   ὡς ἐν οὐρανῷ καὶ ἐπὶ γῆς·

9 11a   **τὸν ἄρτον ἡμῶν τὸν ἐπιούσιον**

10   b   δὸς **ἡμῖν** *σήμερον·

11 12a   **καὶ ἄφες ἡμῖν τὰ** *ὀφειλήματα **ἡμῶν,**

12   b   *ὡς καὶ *ἡμεῖς ἀφήκαμεν *τοῖς *ὀφειλέταις **ἡμῶν·**

13 13a   **καὶ μὴ εἰσενέγκῃς ἡμᾶς εἰς πειρασμόν,**

14   b   ἀλλὰ ῥῦσαι ἡμᾶς ἀπὸ τοῦ πονηροῦ.

15

16

17

18   Mt 7,7-11

19

20   ☐

21 7a   **αἰτεῖτε καὶ δοθήσεται ὑμῖν,**

22   b   **ζητεῖτε καὶ εὑρήσετε,**

23   c   **κρούετε καὶ ἀνοιγήσεται ὑμῖν·**

24 8a   **πᾶς γὰρ ὁ αἰτῶν λαμβάνει**

25   b   **καὶ ὁ ζητῶν εὑρίσκει**

26   c   **καὶ τῷ κρούοντι ἀνοιγήσεται.**

27 9a   *ἢ **τίς ἐστιν ἐξ ὑμῶν** ☐ *ἄνθρωπος, ὃν

28   b   **αἰτήσει ὁ υἱὸς** αὐτοῦ *ἄρτον,

29   c   μὴ ☐ *λίθον ἐπιδώσει / αὐτῷ;

30 10a   **ἢ καὶ** *ἰχθὺν / **αἰτήσει,**

31   b   *μὴ *ὄφιν / ἐπιδώσει αὐτῷ;

32 11a   **εἰ οὖν ὑμεῖς πονηροὶ** *ὄντες

33   b   **οἴδατε δόματα ἀγαθὰ διδόναι τοῖς τέκνοις ὑμῶν,**

34   c   **πόσῳ μᾶλλον ὁ πατὴρ ὑμῶν ὁ** *ἐν τοῖς οὐρανοῖς

35   d   **δώσει** *ἀγαθὰ **τοῖς αἰτοῦσιν αὐτόν.**

Lc 11,2-4

2b *ὅταν □ προσεύχησθε □ λέγετε·
c   πάτερ □,
d   ἁγιασθήτω τὸ ὄνομά σου·
e   ἐλθέτω ἡ βασιλεία σου·

□

□

3a   τὸν ἄρτον ἡμῶν τὸν ἐπιούσιον
b   δίδου ἡμῖν τὸ καθ᾽ *ἡμέραν·
4a   καὶ ἄφες ἡμῖν τὰς *ἁμαρτίας ἡμῶν,
b   καὶ *γὰρ *αὐτοὶ ἀφίομεν *παντὶ *ὀφείλοντι ἡμῖν·
c   καὶ μὴ εἰσενέγκῃς ἡμᾶς εἰς πειρασμόν.

□

Lc 11,9-13

9a   κἀγὼ ὑμῖν λέγω,
b   αἰτεῖτε καὶ δοθήσεται ὑμῖν,
c   ζητεῖτε καὶ εὑρήσετε,
d   κρούετε καὶ ἀνοιγήσεται ὑμῖν·
10a πᾶς γὰρ ὁ αἰτῶν λαμβάνει
b   καὶ ὁ ζητῶν εὑρίσκει
c   καὶ τῷ κρούοντι ἀνοιγήσεται.
11a τίνα *δὲ □ ἐξ ὑμῶν τὸν *πατέρα
b   αἰτήσει ὁ υἱὸς □ *ἰχθύν,
c   *καὶ ἀντὶ ἰχθύος *ὄφιν αὐτῷ / ἐπιδώσει;
12a ἢ καὶ αἰτήσει / *ᾠόν,
b   □ ἐπιδώσει αὐτῷ / *σκορπίον;
13a εἰ οὖν ὑμεῖς πονηροὶ *ὑπάρχοντες
b   οἴδατε δόματα ἀγαθὰ διδόναι τοῖς τέκνοις ὑμῶν,
c   πόσῳ μᾶλλον ὁ πατὴρ □ ὁ *ἐξ □ οὐρανοῦ
d   δώσει *πνεῦμα ἅγιον τοῖς αἰτοῦσιν αὐτόν.

1   Mt 12,22-30

2

3 22a *τότε προσηνέχθη αὐτῷ *δαιμονιζόμενος τυφλὸς καὶ κωφός,
4   b   *καὶ *ἐθεράπευσεν αὐτόν,
5   c   ὥστε τὸν κωφὸν / λαλεῖν καὶ βλέπειν.
6 23a καὶ *ἐξίσταντο πάντες οἱ ὄχλοι καὶ ἔλεγον·
7   b   μήτι οὗτός ἐστιν ὁ υἱὸς Δαυίδ;
8 24a οἱ δὲ *Φαρισαῖοι ἀκούσαντες εἶπον·
9   b   οὗτος οὐκ ἐκβάλλει τὰ δαιμόνια εἰ μὴ
10   c   / ἐν τῷ Βεελζεβοὺλ □ ἄρχοντι τῶν δαιμονίων.

11   □

12   12,38
13 25a □ εἰδὼς δὲ τὰς *ἐνθυμήσεις / αὐτῶν εἶπεν αὐτοῖς·
14   b   πᾶσα βασιλεία *μερισθεῖσα / *καθ᾽ ἑαυτῆς ἐρημοῦται
15   c   καὶ πᾶσα πόλις ἢ *οἰκία μερισθεῖσα *καθ᾽ ἑαυτῆς οὐ *σταθήσεται.
16 26a *καὶ εἰ ὁ σατανᾶς τὸν σατανᾶν ἐκβάλλει,
17   b   ἐφ᾽ ἑαυτὸν *ἐμερίσθη·
18   c   πῶς οὖν σταθήσεται ἡ βασιλεία αὐτοῦ;
19   □
20 27a *καὶ εἰ ἐγὼ ἐν Βεελζεβοὺλ ἐκβάλλω τὰ δαιμόνια,
21   b   οἱ υἱοὶ ὑμῶν ἐν τίνι ἐκβάλλουσιν;
22   c   διὰ τοῦτο αὐτοὶ κριταὶ ἔσονται / ὑμῶν.
23 28a εἰ δὲ ἐν *πνεύματι θεοῦ ἐγὼ ἐκβάλλω τὰ δαιμόνια,
24   b   ἄρα ἔφθασεν ἐφ᾽ ὑμᾶς ἡ βασιλεία τοῦ θεοῦ.
25 29a ἢ πῶς δύναταί τις *εἰσελθεῖν εἰς τὴν *οἰκίαν / τοῦ ἰσχυροῦ
26   b   καὶ τὰ *σκεύη αὐτοῦ ἁρπάσαι,
27   c   *ἐὰν μὴ πρῶτον *δήσῃ τὸν *ἰσχυρόν;
28   □
29   d   καὶ τότε τὴν *οἰκίαν αὐτοῦ *διαρπάσει.
30 30a ὁ μὴ ὢν μετ᾽ ἐμοῦ κατ᾽ ἐμοῦ ἐστιν,
31   b   καὶ ὁ μὴ συνάγων μετ᾽ ἐμοῦ σκορπίζει.

32

33   Mt 9,32-34

34

35 32a αὐτῶν δὲ ἐξερχομένων
36   b   ἰδοὺ προσήνεγκαν αὐτῷ ἄνθρωπον κωφὸν *δαιμονιζόμενον
37 33a καὶ *ἐκβληθέντος τοῦ δαιμονίου ἐλάλησεν ὁ κωφός.
38   b καὶ ἐθαύμασαν οἱ ὄχλοι λέγοντες·
39   c   οὐδέποτε ἐφάνη οὕτως ἐν τῷ Ἰσραήλ.
40 34a οἱ δὲ *Φαρισαῖοι *ἔλεγον·
41   b   ἐν □ τῷ ἄρχοντι τῶν δαιμονίων ἐκβάλλει τὰ δαιμόνια.

1   Lc 11,14-23

2

3   14a   *καὶ ἦν ἐκβάλλων *δαιμόνιον καὶ αὐτὸ ἦν □ κωφόν·
4   b   ἐγένετο *δὲ τοῦ δαιμονίου *ἐξελθόντος
5   c   ἐλάλησεν / ὁ κωφὸς □
6   d   καὶ *ἐθαύμασαν □ οἱ ὄχλοι □.

7   □

8   15a   *τινὲς δὲ ἐξ αὐτῶν □ εἶπον·
9   b   □ ἐν □ Βεελζεβοὺλ τῷ ἄρχοντι τῶν δαιμονίων □
10   c   / ἐκβάλλει τὰ δαιμόνια·
11 16a   ἕτεροι δὲ πειράζοντες
12   b   σημεῖον ἐξ οὐρανοῦ ἐζήτουν παρ' αὐτοῦ.
13 17a   αὐτὸς δὲ εἰδὼς αὐτῶν / τὰ *διανοήματα εἶπεν αὐτοῖς·
14   b   πᾶσα βασιλεία *ἐφ' ἑαυτὴν / *διαμερισθεῖσα ἐρημοῦται
15   c   καὶ □ *οἶκος □ *ἐπὶ οἶκον *πίπτει.
16 18a   εἰ *δὲ καὶ ὁ σατανᾶς □
17   b   ἐφ' ἑαυτὸν *διεμερίσθη,
18   c   πῶς □ σταθήσεται ἡ βασιλεία αὐτοῦ;
19   d   ὅτι λέγετε ἐν Βεελζεβοὺλ ἐκβάλλειν με τὰ δαιμόνια.
20 19a   εἰ *δὲ ἐγὼ ἐν Βεελζεβοὺλ ἐκβάλλω τὰ δαιμόνια,
21   b   οἱ υἱοὶ ὑμῶν ἐν τίνι ἐκβάλλουσιν;
22   c   διὰ τοῦτο αὐτοὶ ὑμῶν / κριταὶ ἔσονται.
23 20a   εἰ δὲ ἐν *δακτύλῳ θεοῦ ἐγὼ ἐκβάλλω τὰ δαιμόνια,
24   b   ἄρα ἔφθασεν ἐφ' ὑμᾶς ἡ βασιλεία τοῦ θεοῦ.
25 21a   ὅταν ὁ ἰσχυρὸς καθωπλισμένος φυλάσσῃ τὴν ἑαυτοῦ / *αὐλήν,
26   b   ἐν εἰρήνῃ ἐστὶν τὰ *ὑπάρχοντα αὐτοῦ·
27 22a   *ἐπὰν δὲ ἰσχυρότερος αὐτοῦ *ἐπελθὼν *νικήσῃ *αὐτόν,
28   b   τὴν πανοπλίαν αὐτοῦ αἴρει ἐφ' ᾗ ἐπεποίθει
29   c   καὶ □ τὰ *σκῦλα αὐτοῦ *διαδίδωσιν.
30 23a   ὁ μὴ ὢν μετ' ἐμοῦ κατ' ἐμοῦ ἐστιν,
31   b   καὶ ὁ μὴ συνάγων μετ' ἐμοῦ σκορπίζει.

32

33

34

35

36   14a

37   bc

38   d

39

40   15a

41   bc

Mt 12,43-45

43a ὅταν δὲ τὸ ἀκάθαρτον πνεῦμα ἐξέλθῃ ἀπὸ τοῦ ἀνθρώπου,
  b   διέρχεται δι' ἀνύδρων τόπων ζητοῦν ἀνάπαυσιν
  c   καὶ *οὐχ εὑρίσκει.
44a τότε λέγει·
  b   εἰς τὸν οἶκόν μου / *ἐπιστρέψω ὅθεν ἐξῆλθον·
  c καὶ ἐλθὸν εὑρίσκει σχολάζοντα σεσαρωμένον καὶ κεκοσμημένον.
45a τότε πορεύεται καὶ παραλαμβάνει μεθ' ἑαυτοῦ
  b   ἑπτὰ / ἕτερα πνεύματα πονηρότερα ἑαυτοῦ
  c   καὶ εἰσελθόντα κατοικεῖ ἐκεῖ·
  d καὶ γίνεται τὰ ἔσχατα τοῦ ἀνθρώπου ἐκείνου
  e   χείρονα τῶν πρώτων.
  f οὕτως ἔσται καὶ τῇ γενεᾷ ταύτῃ τῇ πονηρᾷ.

Mt 12,38-42

38a *τότε ἀπεκρίθησαν αὐτῷ τινες τῶν γραμματέων καὶ Φαρισαίων
  b   λέγοντες·
  c   διδάσκαλε, *θέλομεν *ἀπὸ σοῦ σημεῖον ἰδεῖν.
39a ὁ δὲ ἀποκριθεὶς *εἶπεν αὐτοῖς·
  b   □ γενεὰ πονηρὰ καὶ μοιχαλὶς □
  c   σημεῖον *ἐπιζητεῖ,
  d   καὶ σημεῖον οὐ δοθήσεται αὐτῇ εἰ μὴ
  e   τὸ σημεῖον Ἰωνᾶ τοῦ προφήτου.
40a *ὥσπερ γὰρ *ἦν Ἰωνᾶς ἐν τῇ κοιλίᾳ τοῦ κήτους
  b   τρεῖς ἡμέρας καὶ τρεῖς νύκτας,
                    □
  c   οὕτως ἔσται □ ὁ υἱὸς τοῦ ἀνθρώπου ἐν τῇ καρδίᾳ τῆς γῆς
  d   τρεῖς ἡμέρας καὶ τρεῖς νύκτας.
                □
42a βασίλισσα νότου ἐγερθήσεται ἐν τῇ κρίσει
  b   μετὰ □ τῆς γενεᾶς ταύτης
  c   καὶ κατακρινεῖ αὐτήν,
  d   ὅτι ἦλθεν ἐκ τῶν περάτων τῆς γῆς
  e   ἀκοῦσαι τὴν σοφίαν Σολομῶνος,
  f   καὶ ἰδοὺ πλεῖον Σολομῶνος ὧδε.
41a ἄνδρες Νινευῖται ἀναστήσονται ἐν τῇ κρίσει
  b   μετὰ τῆς γενεᾶς ταύτης
  c   καὶ κατακρινοῦσιν αὐτήν,
  d   ὅτι μετενόησαν εἰς τὸ κήρυγμα Ἰωνᾶ,
  e   καὶ ἰδοὺ πλεῖον Ἰωνᾶ ὧδε.

1   Lc 11,24-26

2

3 24a ὅταν ▫ τὸ ἀκάθαρτον πνεῦμα ἐξέλθῃ ἀπὸ τοῦ ἀνθρώπου,
4   b   διέρχεται δι' ἀνύδρων τόπων ζητοῦν ἀνάπαυσιν
5   c   καὶ *μὴ εὐρίσκον·
6   d τότε λέγει·
7   e   *ὑποστρέψω / εἰς τὸν οἶκόν μου ὅθεν ἐξῆλθον·
8 25 καὶ ἐλθὸν εὑρίσκει ▫ σεσαρωμένον καὶ κεκοσμημένον.
9 26a τότε πορεύεται καὶ παραλαμβάνει ▫
10   b   ἕτερα πνεύματα πονηρότερα ἑαυτοῦ / ἑπτὰ
11   c   καὶ εἰσελθόντα κατοικεῖ ἐκεῖ·
12   d καὶ γίνεται τὰ ἔσχατα τοῦ ἀνθρώπου ἐκείνου
13   e   χείρονα τῶν πρώτων.

14   ▫

15

16   Lc 11,16.29-32

17

18 29a τῶν *δὲ ὄχλων ἐπαθροιζομένων
19   16a ἕτεροι δὲ πειράζοντες
20   b   σημεῖον ἐξ οὐρανοῦ *ἐζήτουν *παρ' αὐτοῦ.
21   b ▫ ἤρξατο *λέγειν ▫·
22   c ἡ γενεὰ αὕτη γενεὰ πονηρά ▫ ἐστιν·
23   d   σημεῖον *ζητεῖ,
24   e   καὶ σημεῖον οὐ δοθήσεται αὐτῇ εἰ μὴ
25   f   τὸ σημεῖον Ἰωνᾶ ▫.
26 30a *καθὼς γὰρ *ἐγένετο Ἰωνᾶς ▫

27   ▫
28   b   τοῖς Νινευίταις σημεῖον,
29   c οὕτως ἔσται καὶ ὁ υἱὸς τοῦ ἀνθρώπου ▫

30   ▫
31   d   τῇ γενεᾷ ταύτῃ.
32 31a βασίλισσα νότου ἐγερθήσεται ἐν τῇ κρίσει
33   b   μετὰ τῶν ἀνδρῶν τῆς γενεᾶς ταύτης
34   c καὶ κατακρινεῖ αὐτούς,
35   d   ὅτι ἦλθεν ἐκ τῶν περάτων τῆς γῆς
36   e   ἀκοῦσαι τὴν σοφίαν Σολομῶνος,
37   f καὶ ἰδοὺ πλεῖον Σολομῶνος ὧδε.
38 32a ἄνδρες Νινευῖται ἀναστήσονται ἐν τῇ κρίσει
39   b   μετὰ τῆς γενεᾶς ταύτης
40   c καὶ κατακρινοῦσιν αὐτήν·
41   d   ὅτι μετενόησαν εἰς τὸ κήρυγμα Ἰωνᾶ,
42   e καὶ ἰδοὺ πλεῖον Ἰωνᾶ ὧδε.

Mt 5,15

15a *οὐδὲ *καίουσιν / λύχνον
   b   καὶ □ τιθέασιν αὐτὸν □ ὑπὸ τὸν μόδιον
   c   ἀλλ᾽ ἐπὶ τὴν λυχνίαν,
   d   *καὶ λάμπει πᾶσιν τοῖς ἐν τῇ οἰκίᾳ.

Mt 6,22-23

22a ὁ λύχνος τοῦ σώματός ἐστιν ὁ ὀφθαλμός □.
   b   *ἐὰν οὖν ᾖ / ὁ ὀφθαλμός σου ἁπλοῦς,
   c   □ ὅλον τὸ σῶμά σου φωτεινὸν ἔσται·
23a *ἐὰν δὲ ὁ ὀφθαλμός σου πονηρὸς ᾖ,
   b   □ ὅλον τὸ σῶμά σου σκοτεινὸν ἔσται.
   c   εἰ οὖν τὸ φῶς τὸ ἐν σοὶ σκότος ἐστίν,
   d   τὸ σκότος πόσον.

Mt 23,4.6-7.13.23.25-27.29-32.34-36

25a οὐαὶ □ ὑμῖν, γραμματεῖς καὶ □ **Φαρισαῖοι** ὑποκριταί,
   b   ὅτι **καθαρίζετε** / τὸ ἔξωθεν τοῦ ποτηρίου καὶ τῆς *παροψίδος,
   c   □ **ἔσωθεν** / δὲ □ γέμουσιν ἐξ ἁρπαγῆς καὶ *ἀκρασίας.
26a Φαρισαῖε *τυφλέ,
      □

      □

   b   καθάρισον πρῶτον / τὸ *ἐντὸς τοῦ ποτηρίου,
   c   ἵνα *γένηται / καὶ τὸ ἐκτὸς αὐτοῦ **καθαρόν**.
23a □ **οὐαὶ ὑμῖν,** γραμματεῖς καὶ □ **Φαρισαῖοι** ὑποκριταί,
   b   **ὅτι ἀποδεκατοῦτε τὸ ἡδύοσμον**
   c   **καὶ τὸ *ἄνηθον καὶ τὸ *κύμινον**
   d   **καὶ *ἀφήκατε τὰ βαρύτερα τοῦ νόμου,**
   e   **τὴν κρίσιν καὶ τὸ ἔλεος καὶ τὴν *πίστιν·**
   f   **ταῦτα δὲ ἔδει ποιῆσαι κἀκεῖνα μὴ *ἀφιέναι.**
      □
6a *φιλοῦσιν δὲ τὴν πρωτοκλισίαν ἐν τοῖς δείπνοις
   b   καὶ τὰς **πρωτοκαθεδρίας ἐν ταῖς συναγωγαῖς**
7a   **καὶ τοὺς ἀσπασμοὺς ἐν ταῖς ἀγοραῖς**
   b   καὶ καλεῖσθαι ὑπὸ τῶν ἀνθρώπων ῥαββί.
27a οὐαὶ ὑμῖν, γραμματεῖς καὶ Φαρισαῖοι ὑποκριταί,
   b   ὅτι *παρομοιάζετε □ *τάφοις □ *κεκονιαμένοις,
   c   οἵτινες ἔξωθεν μὲν φαίνονται ὡραῖοι,
   d   ἔσωθεν δὲ γέμουσιν ὀστέων νεκρῶν καὶ πάσης ἀκαθαρσίας.

      □

1 Lc 11,33

2

3 33a *οὐδεὶς λύχνον / *ἄψας
4 b εἰς κρύπτην **τίθησιν** □ **οὐδὲ ὑπὸ τὸν μόδιον**
5 c **ἀλλ᾽ ἐπὶ τὴν λυχνίαν,**
6 d *ἵνα οἱ εἰσπορευόμενοι τὸ φῶς βλέπωσιν.

7

8 Lc 11,34-35

9

10 34a **ὁ λύχνος τοῦ σώματός ἐστιν ὁ ὀφθαλμός σου.**
11 b *ὅταν □ **ὁ ὀφθαλμός σου ἁπλοῦς** / ᾖ,
12 c **καὶ ὅλον τὸ σῶμά σου φωτεινόν ἐστιν·**
13 d *ἐπὰν δὲ □ **πονηρὸς** ᾖ,
14 e **καὶ** □ **τὸ σῶμά σου σκοτεινόν** □.
15 35 σκόπει **οὖν μὴ τὸ φῶς τὸ ἐν σοὶ σκότος ἐστίν.**
16 □

17

18 Lc 11,39-52

19

20 39b □ **νῦν ὑμεῖς** □ **οἱ Φαρισαῖοι** □
21 c □ **τὸ ἔξωθεν τοῦ ποτηρίου καὶ τοῦ** *πίνακος / **καθαρίζετε,**
22 d **τὸ δὲ** / **ἔσωθεν ὑμῶν γέμει** □ **ἁρπαγῆς καὶ** *πονηρίας.
23 40a □ *ἄφρονες,
24 b **οὐχ ὁ ποιήσας τὸ ἔξωθεν**
25 c **καὶ τὸ ἔσωθεν ἐποίησεν;**
26 41a **πλὴν τὰ** *ἐνόντα / **δότε ἐλεημοσύνην,**
27 b **καὶ ἰδοὺ πάντα καθαρὰ ὑμῖν** / *ἐστιν.
28 42a **ἀλλὰ οὐαὶ ὑμῖν** □ **τοῖς Φαρισαίοις** □,
29 b **ὅτι ἀποδεκατοῦτε τὸ ἡδύοσμον**
30 c **καὶ τὸ** *πήγανον **καὶ πᾶν** *λάχανον
31 d **καὶ** *παρέρχεσθε □
32 e **τὴν κρίσιν** □ **καὶ τὴν** *ἀγάπην τοῦ θεοῦ
33 f **ταῦτα δὲ ἔδει ποιῆσαι κἀκεῖνα μὴ** *παρεῖναι.
34 43a οὐαὶ ὑμῖν τοῖς Φαρισαίοις,
35 b **ὅτι** *ἀγαπᾶτε □
36 c **τὴν πρωτοκαθεδρίαν ἐν ταῖς συναγωγαῖς**
37 d **καὶ τοὺς ἀσπασμοὺς ἐν ταῖς ἀγοραῖς.**
38 □
39 44a **οὐαὶ ὑμῖν,** □
40 b **ὅτι** *ἐστὲ ὡς τὰ *μνημεῖα τὰ *ἄδηλα,
41 □
42 □
43 c **καὶ οἱ ἄνθρωποι οἱ περιπατοῦντες ἐπάνω οὐκ οἴδασιν.**

1   [Mt 23,4-36]

2

3   □

4   □

5   □

6   □

7 4a   δεσμεύουσιν δὲ **φορτία** βαρέα καὶ **δυσβάστακτα**

8 b   καὶ *ἐπιτιθέασιν ἐπὶ τοὺς ὤμους τῶν **ἀνθρώπων**,

9 c   **αὐτοὶ** *δὲ □ τῷ **δακτύλῳ** *αὐτῶν

10 d   οὐ θέλουσιν *κινῆσαι *αὐτά.

11 29a **οὐαὶ ὑμῖν**, γραμματεῖς καὶ Φαρισαῖοι ὑποκριταί,

12 b   **ὅτι οἰκοδομεῖτε** τοὺς *τάφους **τῶν προφητῶν**

13 c   καὶ κοσμεῖτε **τὰ μνημεῖα** τῶν δικαίων,

14 30a καὶ λέγετε·

15 b   εἰ ἤμεθα ἐν ταῖς ἡμέραις τῶν **πατέρων** *ἡμῶν,

16 c   οὐκ ἂν ἤμεθα αὐτῶν κοινωνοὶ ἐν τῷ αἵματι τῶν προφητῶν.

17 31a *ὥστε ***μαρτυρεῖτε** ἑαυτοῖς

18 b   **ὅτι** υἱοί **ἐστε** τῶν *φονευσάντων τοὺς *προφήτας.

19   31a

20 32   καὶ **ὑμεῖς** *πληρώσατε τὸ μέτρον **τῶν πατέρων ὑμῶν**.

21   □

22   □

23 34a **διὰ τοῦτο** □

24 b   ἰδοὺ ἐγὼ **ἀποστέλλω** *πρὸς *ὑμᾶς **προφήτας**

25 c   **καὶ** *σοφοὺς καὶ γραμματεῖς·

26 d   □ **ἐξ αὐτῶν ἀποκτενεῖτε** καὶ σταυρώσετε

27 e   καὶ ἐξ αὐτῶν μαστιγώσετε ἐν ταῖς συναγωγαῖς ὑμῶν

28 f   **καὶ διώξετε** ἀπὸ πόλεως εἰς πόλιν·

29 35a *ὅπως *ἔλθῃ ἐφ᾽ ὑμᾶς **πᾶν** / **αἷμα** *δίκαιον

30 b   □ **ἐκχυννόμενον** ἐπὶ τῆς *γῆς □

31 c   ἀπὸ τοῦ **αἵματος** Ἄβελ τοῦ δικαίου

32 e   ἕως τοῦ **αἵματος** Ζαχαρίου υἱοῦ Βαραχίου,

33 d   *ὃν *ἐφονεύσατε μεταξὺ τοῦ *ναοῦ / **καὶ τοῦ** / **θυσιαστηρίου**.

34 36a *ἀμὴν λέγω **ὑμῖν**,

35 b   *ἥξει ταῦτα πάντα *ἐπὶ τὴν γενεὰν **ταύτην**.

36 13a **οὐαὶ** δὲ **ὑμῖν**, *γραμματεῖς καὶ Φαρισαῖοι ὑποκριταί,

37 b   **ὅτι** *κλείετε τὴν *βασιλείαν τῶν οὐρανῶν ἔμπροσθεν τῶν ἀνθρώπων·

38 c   *ὑμεῖς γὰρ **οὐκ εἰσέρχεσθε**

39 d   *οὐδὲ **τοὺς εἰσερχομένους** *ἀφίετε εἰσελθεῖν.

1　　　[Lc 11,45-52]

2

3　45a　ἀποκριθεὶς δέ τις τῶν νομικῶν λέγει αὐτῷ·

4　　b　　　διδάσκαλε, ταῦτα λέγων καὶ ἡμᾶς ὑβρίζεις.

5　46a　ὁ δὲ εἶπεν·

6　　b　καὶ ὑμῖν τοῖς νομικοῖς οὐαί,

7　　c　　ὅτι *φορτίζετε ▫ τοὺς **ἀνθρώπους φορτία** ▫ **δυσβάστακτα,**

8　　　　▫

9　　d　　*καὶ **αὐτοὶ** ἑνὶ τῶν **δακτύλων** *ὑμῶν

10　　e　　　οὐ ▫ *προσψαύετε τοῖς *φορτίοις.

11　47a　**οὐαὶ ὑμῖν,** ▫

12　　b　**ὅτι οἰκοδομεῖτε τὰ *μνημεῖα τῶν προφητῶν,**

13　　　　▫

14　　　　▫

15　　　　47c

16　　　　▫

17　　　　48a

18　　c　　**οἱ δὲ πατέρες** *ὑμῶν *ἀπέκτειναν *αὐτούς.

19　48a　*ἄρα *μάρτυρές ἐστε

20　　b　　καὶ *συνευδοκεῖτε τοῖς ἔργοις **τῶν πατέρων ὑμῶν,**

21　　c　　**ὅτι** αὐτοὶ μὲν ἀπέκτειναν αὐτούς,

22　　d　　　**ὑμεῖς** δὲ οἰκοδομεῖτε.

23　49a　**διὰ τοῦτο** καὶ ἡ σοφία τοῦ θεοῦ εἶπεν·

24　　b　　▫ ἀποστελῶ *εἰς *αὐτοὺς **προφήτας**

25　　c　　　　　**καὶ** *ἀποστόλους ▫,

26　　d　　καὶ ἐξ αὐτῶν **ἀποκτενοῦσιν** ▫

27　　　　▫

28　　e　　**καὶ διώξουσιν** ▫,

29　50a　*ἵνα *ἐκζητηθῇ ▫ τὸ **αἷμα** / πάντων τῶν *προφητῶν

30　　b　　τὸ **ἐκκεχυμένον** ἀπὸ καταβολῆς *κόσμου ἀπὸ τῆς γενεᾶς ταύτης,

31　51a　　**ἀπὸ** ▫ **αἵματος** Ἄβελ ▫

32　　b　　　**ἕως** ▫ **αἵματος** Ζαχαρίου ▫

33　　c　　　*τοῦ *ἀπολομένου **μεταξὺ τοῦ θυσιαστηρίου** / **καὶ τοῦ** / *οἴκου·

34　　d　　*ναὶ λέγω ὑμῖν,

35　　e　　*ἐκζητηθήσεται ▫ *ἀπὸ τῆς γενεᾶς ταύτης.

36　52a　**οὐαὶ** ▫ **ὑμῖν** τοῖς *νομικοῖς ▫,

37　　b　　**ὅτι** *ἤρατε τὴν κλεῖδα τῆς *γνώσεως ▫·

38　　c　　*αὐτοὶ ▫ **οὐκ εἰσήλθατε**

39　　d　　*καὶ **τοὺς εἰσερχομένους** *ἐκωλύσατε ▫.

1   Mt 10,26-33; 12,32; 10,19-20

2

3 26a μὴ οὖν **φοβηθῆτε** αὐτούς·
4   b οὐδὲν *γάρ ἐστιν / *κεκαλυμμένον ὃ οὐκ ἀποκαλυφθήσεται
5   c καὶ **κρυπτὸν** ὃ οὐ **γνωσθήσεται.**
6 27a ▫ *ὃ λέγω ὑμῖν ἐν τῇ **σκοτίᾳ**
7   b   εἴπατε ἐν τῷ **φωτί** ▫,
8   c καὶ ὃ *εἰς τὸ οὖς *ἀκούετε ▫
9   d   **κηρύξατε** ἐπὶ τῶν δωμάτων.
10   ▫
11 28a *καὶ **μὴ φοβεῖσθε** ἀπὸ τῶν ἀποκτεννόντων τὸ σῶμα,
12   b   ▫ τὴν *δὲ ψυχὴν / **μὴ** *δυναμένων *ἀποκτεῖναι·
13   26a
14   c **φοβεῖσθε** δὲ μᾶλλον τὸν ▫ *δυνάμενον
15   d   καὶ ψυχὴν καὶ σῶμα *ἀπολέσαι *ἐν ▫ **γεέννῃ.**
16   ▫
17 29a οὐχὶ *δύο στρουθία ἀσσαρίου ▫ / πωλεῖται;
18   b καὶ ἓν ἐξ αὐτῶν οὐ *πεσεῖται ἐπὶ τὴν γῆν *ἄνευ τοῦ *πατρὸς ὑμῶν.
19 30 ὑμῶν *δὲ / καὶ αἱ τρίχες τῆς κεφαλῆς πᾶσαι ἠριθμημέναι εἰσίν.
20 31 μὴ οὖν **φοβεῖσθε**· πολλῶν στρουθίων διαφέρετε ὑμεῖς.
21   ▫
22 32a πᾶς *οὖν *ὅστις ▫ ὁμολογήσει ἐν ἐμοὶ ἔμπροσθεν τῶν ἀνθρώπων,
23   b   ὁμολογήσω / *κἀγὼ ἐν αὐτῷ
24   c   ἔμπροσθεν ▫ τοῦ *πατρός μου τοῦ ἐν τοῖς οὐρανοῖς·
25 33a *ὅστις δ᾽ ἂν **ἀρνήσηταί** με *ἔμπροσθεν τῶν ἀνθρώπων,
26   b   *ἀρνήσομαι κἀγὼ αὐτὸν
27   c   *ἔμπροσθεν ▫ τοῦ *πατρός μου τοῦ ἐν τοῖς οὐρανοῖς.
28 12,32a καὶ ▫ ὃς ἐὰν *εἴπῃ λόγον *κατὰ τοῦ υἱοῦ **τοῦ ἀνθρώπου,**
29   b   ἀφεθήσεται αὐτῷ·
30   c   *ὃς δ᾽ ἂν *εἴπῃ / *κατὰ τοῦ **πνεύματος** / τοῦ **ἁγίου,**
31   d   **οὐκ ἀφεθήσεται** αὐτῷ οὔτε ἐν τούτῳ τῷ αἰῶνι
32   e   οὔτε ἐν τῷ μέλλοντι.
33 19a ὅταν δὲ *παραδῶσιν ὑμᾶς ▫,
34   ▫
35   b   **μὴ μεριμνήσητε** πῶς ἢ τί ▫
36   c   ▫ *λαλήσητε·
37   d *δοθήσεται γὰρ ὑμῖν ἐν *ἐκείνῃ τῇ **ὥρᾳ**
38   e   *τί ▫ *λαλήσητε·
39 20a οὐ γὰρ ὑμεῖς ἐστε οἱ λαλοῦντες
40   b ἀλλὰ τὸ πνεῦμα τοῦ πατρὸς ὑμῶν τὸ λαλοῦν ἐν ὑμῖν.

1   Lc 12,2-12

2

3   5a

4 2a οὐδὲν *δὲ *συγκεκαλυμμένον / ἐστὶν ὃ οὐκ ἀποκαλυφθήσεται

5   b καὶ κρυπτὸν ὃ οὐ γνωσθήσεται.

6 3a ἀνθ' ὧν *ὅσα □ ἐν τῇ σκοτίᾳ εἴπατε

7   b ἐν τῷ φωτὶ ἀκουσθήσεται,

8   c καὶ ὃ *πρὸς τὸ οὖς *ἐλαλήσατε ἐν τοῖς ταμείοις

9   d κηρυχθήσεται ἐπὶ τῶν δωμάτων.

10 4a λέγω *δὲ ὑμῖν τοῖς φίλοις μου,

11 b μὴ φοβηθῆτε ἀπὸ τῶν ἀποκτεινόντων τὸ σῶμα

12 c   *καὶ μετὰ ταῦτα μὴ *ἐχόντων / *περισσότερόν τι ποιῆσαι.

13 5a ὑποδείξω δὲ ὑμῖν τίνα φοβηθῆτε·

14 b φοβήθητε □ τὸν μετὰ τὸ ἀποκτεῖναι *ἔχοντα ἐξουσίαν

15 c   □ *ἐμβαλεῖν *εἰς τὴν γέενναν.

16 d ναὶ λέγω ὑμῖν, τοῦτον φοβήθητε.

17 6a οὐχὶ *πέντε στρουθία πωλοῦνται / ἀσσαρίων δύο;

18 b καὶ ἓν ἐξ αὐτῶν οὐκ *ἔστιν ἐπιλελησμένον *ἐνώπιον τοῦ *θεοῦ □.

19 7a *ἀλλὰ καὶ αἱ τρίχες τῆς κεφαλῆς / ὑμῶν πᾶσαι ἠρίθμηνται.

20 b μὴ □ φοβεῖσθε· πολλῶν στρουθίων διαφέρετε □.

21 8a λέγω *δὲ ὑμῖν,

22 b πᾶς *ὃς ἂν ὁμολογήσῃ ἐν ἐμοὶ ἔμπροσθεν τῶν ἀνθρώπων,

23 c *καὶ ὁ *υἱὸς τοῦ ἀνθρώπου / ὁμολογήσει ἐν αὐτῷ

24 d ἔμπροσθεν τῶν ἀγγέλων τοῦ *θεοῦ·

25 9a *ὁ δὲ □ ἀρνησάμενός με *ἐνώπιον τῶν ἀνθρώπων

26 b *ἀπαρνηθήσεται □

27 c   *ἐνώπιον τῶν ἀγγέλων τοῦ *θεοῦ.

28 10a καὶ πᾶς ὃς □ *ἐρεῖ λόγον *εἰς τὸν υἱὸν τοῦ ἀνθρώπου,

29 b ἀφεθήσεται αὐτῷ·

30 c *τῷ δὲ □ *εἰς τὸ ἅγιον / πνεῦμα / *βλασφημήσαντι

31 d οὐκ ἀφεθήσεται □.

32   □

33 11a ὅταν δὲ *εἰσφέρωσιν ὑμᾶς ἐπὶ τὰς συναγωγὰς

34 b καὶ τὰς ἀρχὰς καὶ τὰς ἐξουσίας,

35 c μὴ μεριμνήσητε πῶς ἢ τί ἀπολογήσησθε

36 d ἢ τί *εἴπητε·

37 12a τὸ γὰρ ἅγιον πνεῦμα *διδάξει ὑμᾶς ἐν *αὐτῇ τῇ ὥρᾳ

38 b *ἃ δεῖ *εἰπεῖν.

39   □

40   □

1   Mt 6,25-33

2

3 25a διὰ τοῦτο λέγω ὑμῖν·

4   b   **μὴ μεριμνᾶτε τῇ ψυχῇ ὑμῶν τί φάγητε** ἢ τί πίητε,

5   c   **μηδὲ τῷ σώματι ὑμῶν τί ἐνδύσησθε.**

6   d   *οὐχὶ ἡ ψυχὴ πλεῖόν ἐστιν τῆς τροφῆς

7   e   καὶ τὸ σῶμα τοῦ ἐνδύματος;

8 26a *ἐμβλέψατε εἰς τὰ *πετεινὰ τοῦ οὐρανοῦ ὅτι

9   b   οὐ σπείρουσιν οὐδὲ θερίζουσιν,

10   c   □ οὐδὲ *συνάγουσιν εἰς **ἀποθήκας**,

11   d   καὶ ὁ *πατὴρ ὑμῶν ὁ οὐράνιος τρέφει αὐτά·

12   e   *οὐχ ὑμεῖς / μᾶλλον διαφέρετε *αὐτῶν;

13 27a τίς δὲ ἐξ ὑμῶν μεριμνῶν

14   b   δύναται προσθεῖναι / ἐπὶ τὴν ἡλικίαν αὐτοῦ πῆχυν ἕνα;

15   □

16 28a *καὶ περὶ □ *ἐνδύματος / τί μεριμνᾶτε;

17   b   *καταμάθετε **τὰ κρίνα** τοῦ ἀγροῦ **πῶς αὐξάνουσιν**·

18   c   οὐ κοπιῶσιν οὐδὲ **νήθουσιν**·

19 29a λέγω δὲ ὑμῖν ὅτι

20   b   οὐδὲ Σολομὼν ἐν πάσῃ τῇ δόξῃ αὐτοῦ περιεβάλετο ὡς ἓν τούτων.

21 30a εἰ δὲ τὸν χόρτον / □ τοῦ ἀγροῦ **σήμερον** / ὄντα

22   b   καὶ αὔριον εἰς κλίβανον βαλλόμενον ὁ θεὸς οὕτως *ἀμφιέννυσιν,

23   c   οὐ *πολλῷ μᾶλλον ὑμᾶς, ὀλιγόπιστοι;

24 31a μὴ *οὖν □ *μεριμνήσητε λέγοντες· **τί φάγωμεν**; *ἢ· τί πίωμεν;

25   b   ἢ· τί περιβαλώμεθα;

26   □

27 32a πάντα / γὰρ / ταῦτα τὰ ἔθνη □ ἐπιζητοῦσιν·

28   b   οἶδεν / *γὰρ ὁ πατὴρ / ὑμῶν ὁ οὐράνιος ὅτι χρῄζετε τούτων ἁπάντων.

29 33a ζητεῖτε *δὲ πρῶτον **τὴν βασιλείαν** τοῦ θεοῦ καὶ τὴν δικαιοσύνην **αὐτοῦ**,

30   b   **καὶ ταῦτα πάντα προστεθήσεται ὑμῖν.**

31

32   Mt 6,19-21

33

34 19a μὴ θησαυρίζετε ὑμῖν θησαυροὺς ἐπὶ τῆς γῆς,

35   b   ὅπου σὴς καὶ βρῶσις ἀφανίζει

36   c   καὶ ὅπου κλέπται διορύσσουσιν καὶ κλέπτουσιν·

37 20a *θησαυρίζετε δὲ *ὑμῖν □

38   b   **θησαυροὺς** □ ἐν □ **οὐρανῷ**,

39   c   ὅπου *οὔτε σὴς οὔτε βρῶσις *ἀφανίζει /

40   d   *καὶ ὅπου κλέπται οὐ *διορύσσουσιν οὐδὲ κλέπτουσιν·

41 21a ὅπου γάρ ἐστιν ὁ θησαυρός *σου,

42   b   **ἐκεῖ ἔσται / καὶ ἡ καρδία** *σου.

Lc 12,22-31

3 22b διὰ τοῦτο λέγω ὑμῖν·
4 c   μὴ μεριμνᾶτε τῇ ψυχῇ □ τί φάγητε □,
5 d   μηδὲ τῷ σώματι □ τί ἐνδύσησθε.
6 23a ἡ *γὰρ ψυχὴ πλεῖόν ἐστιν τῆς τροφῆς
7 b   καὶ τὸ σῶμα τοῦ ἐνδύματος.
8 24a *κατανοήσατε □ τοὺς *κόρακας □ ὅτι
9 b   οὐ σπείρουσιν οὐδὲ θερίζουσιν,
10 c   οἷς οὐκ *ἔστιν ταμεῖον οὐδὲ □ ἀποθήκη,
11 d   καὶ ὁ *θεὸς τρέφει αὐτούς·
12 e *πόσῳ μᾶλλον / ὑμεῖς διαφέρετε τῶν *πετεινῶν.
13 25a τίς δὲ ἐξ ὑμῶν μεριμνῶν
14 b   δύναται ἐπὶ τὴν ἡλικίαν αὐτοῦ / προσθεῖναι πῆχυν □;
15 26a εἰ *οὖν οὐδὲ ἐλάχιστον δύνασθε,
16 b τί / περὶ τῶν *λοιπῶν μεριμνᾶτε;
17 27a *κατανοήσατε τὰ κρίνα □ πῶς αὐξάνει·
18 b   οὐ κοπιᾷ οὐδὲ νήθει·
19 c λέγω δὲ ὑμῖν □,
20 d   οὐδὲ Σολομὼν ἐν πάσῃ τῇ δόξῃ αὐτοῦ περιεβάλετο ὡς ἓν τούτων.
21 28a εἰ δὲ ἐν □ ἀγρῷ / τὸν χόρτον ὄντα / σήμερον
22 b   καὶ αὔριον εἰς κλίβανον βαλλόμενον ὁ θεὸς οὕτως *ἀμφιέζει,
23 c   □ *πόσῳ μᾶλλον ὑμᾶς, ὀλιγόπιστοι.
24 29a *καὶ ὑμεῖς μὴ *ζητεῖτε □ τί φάγητε *καὶ τί πίητε
25   □
26 b   καὶ μὴ μετεωρίζεσθε·
27 30a ταῦτα / γὰρ / πάντα τὰ ἔθνη τοῦ κόσμου ἐπιζητοῦσιν,
28 b   ὑμῶν / *δὲ ὁ πατὴρ □ / οἶδεν ὅτι χρῄζετε τούτων □.
29 31a *πλὴν ζητεῖτε □ τὴν βασιλείαν □ αὐτοῦ,
30 b   καὶ ταῦτα □ προστεθήσεται ὑμῖν.

Lc 12,33-34

34 33a πωλήσατε τὰ ὑπάρχοντα ὑμῶν καὶ δότε ἐλεημοσύνην·
35   □
36   □
37 b *ποιήσατε □ *ἑαυτοῖς βαλλάντια μὴ παλαιούμενα,
38 c θησαυρὸν ἀνέκλειπτον ἐν τοῖς οὐρανοῖς,
39 d ὅπου κλέπτης οὐκ *ἐγγίζει □ /
40 e □ *οὐδὲ σὴς *διαφθείρει·
41 34a ὅπου γάρ ἐστιν ὁ θησαυρὸς *ὑμῶν,
42 b ἐκεῖ καὶ ἡ καρδία *ὑμῶν / ἔσται.

Mt 24,43-51

43a *ἐκεῖνο δὲ γινώσκετε

  b   ὅτι εἰ ᾔδει ὁ οἰκοδεσπότης ποίᾳ *φυλακῇ ὁ κλέπτης ἔρχεται,

  c   ἐγρηγόρησεν ἂν καὶ οὐκ ἂν *εἴασεν διορυχθῆναι τὴν *οἰκίαν αὐτοῦ.

44a διὰ τοῦτο καὶ ὑμεῖς γίνεσθε ἕτοιμοι,

  b   ὅτι ᾗ οὐ δοκεῖτε / ὥρᾳ ὁ υἱὸς τοῦ ἀνθρώπου ἔρχεται.

        □

        □

        □

45a τίς ἄρα ἐστὶν ὁ πιστὸς *δοῦλος καὶ φρόνιμος

  b   ὃν κατέστησεν ὁ κύριος ἐπὶ τῆς *οἰκετείας αὐτοῦ

  c   τοῦ δοῦναι αὐτοῖς τὴν *τροφὴν / ἐν καιρῷ;

46a μακάριος ὁ δοῦλος ἐκεῖνος

  b   ὃν ἐλθὼν ὁ κύριος αὐτοῦ εὑρήσει οὕτως / ποιοῦντα·

47a *ἀμὴν λέγω ὑμῖν ὅτι

  b   ἐπὶ πᾶσιν τοῖς ὑπάρχουσιν αὐτοῦ καταστήσει αὐτόν.

48a ἐὰν δὲ εἴπῃ ὁ κακὸς δοῦλος ἐκεῖνος ἐν τῇ καρδίᾳ αὐτοῦ·

  b   χρονίζει μου / ὁ κύριος □,

49a καὶ ἄρξηται τύπτειν τοὺς *συνδούλους □ αὐτοῦ,

  b   ἐσθίῃ *δὲ καὶ πίνῃ μετὰ τῶν *μεθυόντων,

50a ἥξει ὁ κύριος τοῦ δούλου ἐκείνου

  b   ἐν ἡμέρᾳ ᾗ οὐ προσδοκᾷ καὶ ἐν ὥρᾳ ᾗ οὐ γινώσκει,

51a καὶ διχοτομήσει αὐτὸν

  b   καὶ τὸ μέρος αὐτοῦ μετὰ τῶν *ὑποκριτῶν θήσει·

  c   ἐκεῖ ἔσται ὁ κλαυθμὸς καὶ ὁ βρυγμὸς τῶν ὀδόντων.

1   Lc 12,39-46

2

3 39a *τοῦτο δὲ γινώσκετε

4   b   ὅτι εἰ ᾔδει ὁ οἰκοδεσπότης ποίᾳ *ὥρᾳ ὁ κλέπτης ἔρχεται,

5   c   □ οὐκ ἂν *ἀφῆκεν διορυχθῆναι τὸν *οἶκον αὐτοῦ.

6 40a □ καὶ ὑμεῖς γίνεσθε ἕτοιμοι,

7   b   ὅτι ᾗ ὥρᾳ / οὐ δοκεῖτε ὁ υἱὸς τοῦ ἀνθρώπου ἔρχεται.

8 41a   εἶπεν δὲ ὁ Πέτρος·

9   b   κύριε, πρὸς ἡμᾶς τὴν παραβολὴν ταύτην λέγεις ἢ καὶ πρὸς πάντας;

10 42a   καὶ εἶπεν ὁ κύριος·

11   b τίς ἄρα ἐστὶν ὁ πιστὸς *οἰκονόμος ὁ φρόνιμος,

12   c   ὃν καταστήσει ὁ κύριος ἐπὶ τῆς *θεραπείας αὐτοῦ

13   d   τοῦ διδόναι □ ἐν καιρῷ / τὸ *σιτομέτριον;

14 43a μακάριος ὁ δοῦλος ἐκεῖνος,

15   b   ὃν ἐλθὼν ὁ κύριος αὐτοῦ εὑρήσει ποιοῦντα / οὕτως.

16 44a *ἀληθῶς λέγω ὑμῖν ὅτι

17   b   ἐπὶ πᾶσιν τοῖς ὑπάρχουσιν αὐτοῦ καταστήσει αὐτόν.

18 45a ἐὰν δὲ εἴπῃ ὁ □ δοῦλος ἐκεῖνος ἐν τῇ καρδίᾳ αὐτοῦ·

19   b   χρονίζει ὁ κύριός / μου ἔρχεσθαι,

20   c   καὶ ἄρξηται τύπτειν τοὺς *παῖδας καὶ τὰς παιδίσκας,

21   d   ἐσθίειν *τε καὶ πίνειν καὶ *μεθύσκεσθαι,

22 46a ἥξει ὁ κύριος τοῦ δούλου ἐκείνου

23   b   ἐν ἡμέρᾳ ᾗ οὐ προσδοκᾷ καὶ ἐν ὥρᾳ ᾗ οὐ γινώσκει,

24   c   καὶ διχοτομήσει αὐτὸν

25   d   καὶ τὸ μέρος αὐτοῦ μετὰ τῶν *ἀπίστων θήσει.

26   □

1   Mt 10,34-36

2

3   34bc

4   □

5   □

6   □

7 34a μὴ *νομίσητε ὅτι

8   b   *ἦλθον *βαλεῖν / εἰρήνην *ἐπὶ τὴν γῆν·

9   c   *οὐκ □ ἦλθον βαλεῖν εἰρήνην

10 d   ἀλλὰ □ *μάχαιραν.

11 35a *ἦλθον γὰρ □ 36 *διχάσαι

12   □

13 b □   *ἄνθρωπον   *κατὰ τοῦ πατρὸς αὐτοῦ

14 c □   καὶ θυγατέρα *κατὰ τῆς μητρὸς αὐτῆς

15 d □   καὶ νύμφην   *κατὰ τῆς πενθερᾶς / αὐτῆς,

16 36   καὶ ἐχθροὶ τοῦ ἀνθρώπου οἱ *οἰκιακοὶ αὐτοῦ.

17

18   Mt 16,2-3

19

20 2a ὁ δὲ ἀποκριθεὶς *εἶπεν *αὐτοῖς·

21 b ὀψίας γενομένης

22 c   □ λέγετε □· εὐδία, πυρράζει γὰρ ὁ οὐρανός·

23   □

24 3a καὶ πρωΐ·

25 b   □ σήμερον χειμών, πυρράζει γὰρ στυγνάζων ὁ οὐρανός.

26   □

27 c □ τὸ μὲν πρόσωπον □ τοῦ οὐρανοῦ *γινώσκετε *διακρίνειν,

28 d   τὰ δὲ / σημεῖα τῶν καιρῶν □ οὐ δύνασθε □;

29

30   Mt 5,25-26

31

32   □

33 25a ἴσθι *εὐνοῶν τῷ ἀντιδίκῳ σου ταχύ,

34 b *ἕως ὅτου *εἶ μετ' αὐτοῦ □

35 c   ἐν τῇ ὁδῷ,

36   25ab

37 d   μήποτέ σε / *παραδῷ ὁ ἀντίδικος τῷ κριτῇ

38 e   καὶ ὁ κριτὴς 25d τῷ *ὑπηρέτῃ

39 f   καὶ εἰς φυλακὴν / βληθήσῃ·

40 26a ἀμὴν λέγω σοι,

41 b   οὐ μὴ ἐξέλθῃς ἐκεῖθεν,

42 c   ἕως ἂν ἀποδῷς / □ τὸν ἔσχατον *κοδράντην.

1   Lc 12,49-53

2

3 49a πῦρ **ἦλθον βαλεῖν ἐπὶ τὴν γῆν,**

4   b   καὶ τί θέλω εἰ ἤδη ἀνήφθη.

5 50a βάπτισμα δὲ ἔχω βαπτισθῆναι,

6   b   καὶ πῶς συνέχομαι ἕως ὅτου τελεσθῇ.

7 51a □ *δοκεῖτε **ὅτι**

8   b   **εἰρήνην** / *παρεγενόμην *δοῦναι *ἐν τῇ γῇ;

9   c   *ο**ὐχί,** λέγω ὑμῖν, □ 49a

10   d   ἀλλ᾽ ἢ *διαμερισμόν.

11 52a *ἔσονται **γὰρ** ἀπὸ τοῦ νῦν πέντε ἐν ἑνὶ ***οἴκῳ** *διαμεμερισμένοι,

12   b   τρεῖς ἐπὶ δυσὶν καὶ δύο ἐπὶ τρισίν,[1] διαμερισθήσονται

13 53a πατὴρ ἐπὶ υἱῷ   καὶ *υἱὸς *ἐπὶ □   **πατρί** □,

14   b   μήτηρ ἐπὶ τὴν θυγατέρα   **καὶ θυγάτηρ** *ἐπὶ τὴν **μητέρα** □,

15   c   πενθερὰ ἐπὶ τὴν νύμφην **αὐτῆς** / **καὶ νύμφη** *ἐπὶ τὴν **πενθεράν.**

16   52a

17

18   Lc 12,54-56

19

20 54a   *ἔλεγεν **δὲ** καὶ τοῖς *ὄχλοις·

21   b   ὅταν ἴδητε τὴν νεφέλην ἀνατέλλουσαν ἐπὶ δυσμῶν,

22   c   εὐθέως λέγετε ὅτι ὄμβρος ἔρχεται,

23   d   καὶ γίνεται οὕτως·

24 55a **καὶ** ὅταν νότον πνέοντα,

25   b   λέγετε ὅτι καύσων ἔσται,

26   c   καὶ γίνεται.

27 56a ὑποκριταί, **τὸ** □ **πρόσωπον** τῆς γῆς καὶ **τοῦ οὐρανοῦ** *οἴδατε *δοκιμάζειν,

28   b   □ **τὸν καιρὸν** / **δὲ** τοῦτον πῶς **οὐκ** *οἴδατε δοκιμάζειν;

29

30   Lc 12,57-59

31

32 57 τί δὲ καὶ ἀφ᾽ ἑαυτῶν οὐ κρίνετε τὸ δίκαιον;

33   58c

34 58a *ὡς **γὰρ** *ὑπάγεις **μετὰ** τοῦ **ἀντιδίκου σου** ἐπ᾽ ἄρχοντα,

35   b   **ἐν τῇ ὁδῷ**

36   c   *δὸς ἐργασίαν ἀπηλλάχθαι ἀπ᾽ **αὐτοῦ,**

37   d   **μήποτε** *κατασύρῃ / σε □ πρὸς τὸν **κριτήν,**

38   e   **καὶ ὁ κριτής** σε **παραδώσει** τῷ *πράκτορι,

39   f   **καὶ ὁ πράκτωρ** σε **βαλεῖ** / **εἰς φυλακήν.**

40 59a □ **λέγω σοι,**

41   b   **οὐ μὴ ἐξέλθῃς ἐκεῖθεν,**

42   c   **ἕως** □ καὶ τὸ **ἔσχατον** *λεπτὸν / **ἀποδῷς.**

1   Mt 13,31-33

2

3 31a ἄλλην παραβολὴν παρέθηκεν αὐτοῖς λέγων·

4   ◻ 31b

5   ◻

6   b **ὁμοία ἐστὶν ἡ βασιλεία** τῶν *οὐρανῶν **κόκκῳ σινάπεως**,

7   c **ὃν λαβὼν ἄνθρωπος** *ἔσπειρεν *ἐν τῷ *ἀγρῷ *αὐτοῦ·

8 32a ὃ μικρότερον μέν ἐστιν πάντων τῶν σπερμάτων,

9   b ὅταν *δὲ αὐξηθῇ,

10   c μεῖζον τῶν λαχάνων ἐστὶν

11   d **καὶ** γίνεται ◻ **δένδρον,**

12   e *ὥστε ἐλθεῖν **τὰ πετεινὰ τοῦ οὐρανοῦ**

13   f   καὶ **κατασκηνοῦν ἐν τοῖς κλάδοις αὐτοῦ.**

14 33a *ἄλλην παραβολὴν *ἐλάλησεν αὐτοῖς·

15   b ◻ 33c

16   c **ὁμοία ἐστὶν ἡ βασιλεία** τῶν *οὐρανῶν **ζύμῃ,**

17   d **ἣν λαβοῦσα γυνὴ ἐνέκρυψεν εἰς ἀλεύρου σάτα τρία**

18   e   **ἕως οὗ ἐζυμώθη ὅλον.**

19

20

21

22   Mt 7,13-14; 25,10-12; 7,22-23; 8,11-12; 20,16

23

24   ◻ 7,14c

25   ◻

26 13a ◻ **εἰσέλθατε διὰ τῆς στενῆς** *πύλης·

27   b **ὅτι** πλατεῖα ἡ πύλη

28   c   καὶ εὐρύχωρος ἡ ὁδὸς ἡ ἀπάγουσα εἰς τὴν ἀπώλειαν

29   d καὶ **πολλοί** ◻ εἰσιν οἱ **εἰσερχ**όμενοι δι' αὐτῆς·

30 14a τί στενὴ ἡ πύλη

31   b   καὶ τεθλιμμένη ἡ ὁδὸς ἡ ἀπάγουσα εἰς τὴν ζωὴν

32   c **καὶ ὀλίγοι** εἰσὶν οἱ *εὑρίσκοντες αὐτήν.

33   25,10bd ... ἦλθεν ὁ νυμφίος ... **καὶ** *ἐκλείσθη ἡ θύρα.

34   11a ὕστερον δὲ ἔρχονται καὶ αἱ λοιπαὶ παρθένοι λέγουσαι·

35   b **κύριε** κύριε, **ἄνοιξον ἡμῖν.**

36   12 ὁ *δὲ **ἀποκριθεὶς** *εἶπεν ◻· ἀμὴν λέγω ὑμῖν, **οὐκ οἶδα ὑμᾶς** ◻.

37 22a πολλοὶ *ἐροῦσίν μοι / ἐν ἐκείνῃ τῇ *ἡμέρᾳ·

38   b κύριε, κύριε, οὐ τῷ σῷ ὀνόματι ἐπροφητεύσαμεν,

39   c   **καὶ** τῷ σῷ ὀνόματι δαιμόνια ἐξεβάλομεν,

40   d   **καὶ** τῷ σῷ ὀνόματι δυνάμεις πολλὰς ἐποιήσαμεν;

41 23a **καὶ** τότε *ὁμολογήσω ◻ *αὐτοῖς ὅτι *οὐδέποτε *ἔγνων **ὑμᾶς** ◻·

42   b *ἀποχωρεῖτε **ἀπ' ἐμοῦ** ◻ οἱ *ἐργαζόμενοι τὴν *ἀνομίαν.

Lc 13,18-21

3 18a □ ἔλεγεν οὖν □·
4 b τίνι ὁμοία ἐστὶν ἡ βασιλεία τοῦ *θεοῦ
5 c καὶ τίνι ὁμοιώσω αὐτήν;
6 19a ὁμοία ἐστὶν □ κόκκῳ σινάπεως,
7 b ὃν λαβὼν ἄνθρωπος *ἔβαλεν *εἰς □ *κῆπον *ἑαυτοῦ,
8 □
9 c □ *καὶ ηὔξησεν
10 d □
11 e καὶ ἐγένετο εἰς δένδρον,
12 f *καὶ □ τὰ πετεινὰ τοῦ οὐρανοῦ
13 g □ κατεσκήνωσεν ἐν τοῖς κλάδοις αὐτοῦ.
14 20a καὶ *πάλιν *εἶπεν □·
15 b τίνι ὁμοιώσω τὴν βασιλείαν τοῦ *θεοῦ;
16 21a ὁμοία ἐστὶν □ ζύμῃ,
17 b ἣν λαβοῦσα γυνὴ ἐνέκρυψεν εἰς ἀλεύρου σάτα τρία
18 c ἕως οὗ ἐζυμώθη ὅλον.

22 Lc 13,23-30

24 23a εἶπεν δέ τις αὐτῷ· κύριε, εἰ ὀλίγοι οἱ σῳζόμενοι;
25 b ὁ δὲ εἶπεν πρὸς αὐτούς·
26 24a ἀγωνίζεσθε εἰσελθεῖν διὰ τῆς στενῆς *θύρας,
27 □
28 □
29 b ὅτι πολλοί, λέγω ὑμῖν, □ ζητήσουσιν εἰσελθεῖν □
30 □
31 □
32 c καὶ οὐκ *ἰσχύσουσιν. 23a
33 25a ἀφ᾽ οὗ ἂν ἐγερθῇ ὁ οἰκοδεσπότης καὶ *ἀποκλείσῃ τὴν θύραν
34 b καὶ ἄρξησθε ἔξω ἑστάναι καὶ κρούειν τὴν θύραν λέγοντες·
35 c κύριε □, ἄνοιξον ἡμῖν,
36 d *καὶ □ ἀποκριθεὶς *ἐρεῖ ὑμῖν· □ οὐκ οἶδα ὑμᾶς πόθεν ἐστέ.
37 26a *τότε / □ ἄρξεσθε *λέγειν □·
38 b □ ἐφάγομεν ἐνώπιόν σου
39 c καὶ ἐπίομεν
40 d καὶ ἐν ταῖς πλατείαις ἡμῶν ἐδίδαξας·
41 27a καὶ □ *ἐρεῖ λέγων *ὑμῖν □· *οὐκ *οἶδα ὑμᾶς πόθεν ἐστέ·
42 b *ἀπόστητε ἀπ᾽ ἐμοῦ πάντες □ *ἐργάται □ *ἀδικίας.

[Mt 8,11-12]

3 12b ἐκεῖ ἔσται ὁ κλαυθμὸς καὶ ὁ βρυγμὸς τῶν ὀδόντων.
4 11c μετὰ Ἀβραὰμ καὶ Ἰσαὰκ καὶ Ἰακὼβ
5 d □ ἐν τῇ βασιλείᾳ τῶν *οὐρανῶν,
6 12a οἱ δὲ *υἱοὶ τῆς βασιλείας
7 ἐκβληθήσονται εἰς τὸ σκότος τὸ *ἐξώτερον.
8 11a λέγω *δὲ ὑμῖν ὅτι *πολλοὶ ἀπὸ ἀνατολῶν καὶ δυσμῶν □ / ἥξουσιν
9 b καὶ ἀνακλιθήσονται □ 12a
10 20,16a οὕτως ἔσονται οἱ ἔσχατοι πρῶτοι
11 b καὶ □ οἱ πρῶτοι ἔσχατοι.

13 Mt 23,37-39

15 37a Ἰερουσαλὴμ Ἰερουσαλήμ, ἡ ἀποκτείνουσα τοὺς προφήτας
16 b καὶ λιθοβολοῦσα τοὺς ἀπεσταλμένους πρὸς αὐτήν,
17 c ποσάκις ἠθέλησα ἐπισυναγαγεῖν τὰ τέκνα σου
18 d ὃν τρόπον ὄρνις ἐπισυνάγει τὰ *νοσσία / *αὐτῆς ὑπὸ τὰς πτέρυγας,
19 e καὶ οὐκ ἠθελήσατε.
20 38 ἰδοὺ ἀφίεται ὑμῖν ὁ οἶκος ὑμῶν ἔρημος.
21 39a λέγω *γὰρ ὑμῖν, οὐ μή με / ἴδητε ἀπ᾿ ἄρτι ἕως ἂν □ εἴπητε·
22 b εὐλογημένος ὁ ἐρχόμενος ἐν ὀνόματι κυρίου.

24 Mt 12,11

26 11b τίς ἔσται ἐξ ὑμῶν ἄνθρωπος ὃς ἕξει *πρόβατον ἓν
27 c καὶ ἐὰν *ἐμπέσῃ τοῦτο τοῖς σάββασιν / εἰς *βόθυνον,
28 d *οὐχὶ □ *κρατήσει αὐτὸ καὶ ἐγερεῖ;
29 11c

31 Mt 23,12

33 12a □ *ὅστις δὲ ὑψώσει ἑαυτὸν ταπεινωθήσεται
34 b καὶ *ὅστις ταπεινώσει ἑαυτὸν ὑψωθήσεται.

1 [Lc 13,28-30]

2

3 28a ἐκεῖ ἔσται ὁ κλαυθμὸς καὶ ὁ βρυγμὸς τῶν ὀδόντων,

4 b ὅταν ὄψησθε Ἀβραὰμ καὶ Ἰσαὰκ καὶ Ἰακὼβ

5 c καὶ *πάντας τοὺς προφήτας ἐν τῇ βασιλείᾳ τοῦ *θεοῦ,

6 d *ὑμᾶς δὲ

7 ἐκβαλλομένους *ἔξω.

8 29a *καὶ ▫ ἥξουσιν / ἀπὸ ἀνατολῶν καὶ δυσμῶν καὶ ἀπὸ βορρᾶ καὶ νότου

9 b καὶ ἀνακλιθήσονται ἐν τῇ βασιλείᾳ τοῦ θεοῦ.

10 30a καὶ ἰδοὺ εἰσὶν ἔσχατοι οἳ ἔσονται πρῶτοι,

11 b καὶ εἰσὶν πρῶτοι οἳ ἔσονται ἔσχατοι.

12

13 Lc 13,34-35

14

15 34a Ἰερουσαλὴμ Ἰερουσαλήμ, ἡ ἀποκτείνουσα τοὺς προφήτας

16 b καὶ λιθοβολοῦσα τοὺς ἀπεσταλμένους πρὸς αὐτήν,

17 c ποσάκις ἠθέλησα ἐπισυνάξαι τὰ τέκνα σου

18 d ὃν τρόπον ὄρνις ▫ τὴν *ἑαυτῆς / *νοσσιὰν ὑπὸ τὰς πτέρυγας,

19 e καὶ οὐκ ἠθελήσατε.

20 35a ἰδοὺ ἀφίεται ὑμῖν ὁ οἶκος ὑμῶν ▫.

21 b λέγω *δὲ ὑμῖν, οὐ μὴ ἴδητέ / με ▫ ἕως ▫ ἥξει ὅτε εἴπητε·

22 c εὐλογημένος ὁ ἐρχόμενος ἐν ὀνόματι κυρίου.

23

24 Lc 14,5

25

26 5b τίνος ▫ ὑμῶν υἱὸς ἢ *βοῦς ▫

27 c εἰς *φρέαρ / *πεσεῖται,

28 d καὶ *οὐκ εὐθέως *ἀνασπάσει αὐτὸν ▫

29 e ἐν ἡμέρᾳ τοῦ σαββάτου;

30

31 Lc 14,11 (= 18,14)

32

33 11a *ὅτι πᾶς *ὁ ὑψῶν ἑαυτὸν ταπεινωθήσεται,

34 b καὶ *ὁ ταπεινῶν ἑαυτὸν ὑψωθήσεται.

35

36 Lc 18,14

37 14b *ὅτι πᾶς *ὁ ὑψῶν ἑαυτὸν ταπεινωθήσεται,

38 c *ὁ *δὲ ταπεινῶν ἑαυτὸν ὑψωθήσεται.

Mt 22,2-10

2a ὡμοιώθη ἡ βασιλεία τῶν οὐρανῶν **ἀνθρώπῳ** βασιλεῖ,
 b   ὅστις **ἐποίησεν** *γάμους τῷ υἱῷ αὐτοῦ □.
3a **καὶ ἀπέστειλεν τοὺς δούλους αὐτοῦ**
 b   □ **καλέσαι** τοὺς κεκλημένους
 c   εἰς τοὺς γάμους,
 d **καὶ οὐκ ἤθελον ἐλθεῖν.**
4a πάλιν ἀπέστειλεν ἄλλους δούλους λέγων·
 b   εἴπατε **τοῖς κεκλημένοις·**
 c   ἰδοὺ τὸ ἄριστόν μου ἡτοίμακα,
 d   οἱ ταῦροί μου καὶ τὰ σιτιστὰ τεθυμένα καὶ πάντα **ἕτοιμα·**
 e   *δεῦτε εἰς τοὺς γάμους.
5a οἱ *δὲ ἀμελήσαντες ἀπῆλθον,
 b   ὃς μὲν
 c   εἰς τὸν ἴδιον **ἀγρόν,**
           □
 d   ὃς δὲ
 e   ἐπὶ τὴν ἐμπορίαν αὐτοῦ·
           □
6a οἱ δὲ λοιποὶ
           □   3d
 b   κρατήσαντες τοὺς **δούλους** αὐτοῦ ὕβρισαν καὶ ἀπέκτειναν.
           □
7a ὁ δὲ *βασιλεὺς / ὠργίσθη,
 b   καὶ πέμψας τὰ στρατεύματα αὐτοῦ ἀπώλεσεν τοὺς φονεῖς ἐκείνους
 c   καὶ τὴν πόλιν αὐτῶν ἐνέπρησεν.
8a **τότε** *λέγει τοῖς **δούλοις αὐτοῦ·**
 b   ὁ μὲν γάμος ἕτοιμός ἐστιν,
 c   **οἱ δὲ κεκλημένοι** οὐκ ἦσαν ἄξιοι·
9a   *πορεύεσθε οὖν □ *ἐπὶ **τὰς** *διεξόδους τῶν ὁδῶν
 b   **καὶ** ὅσους ἐὰν εὕρητε
 c   *καλέσατε *εἰς τοὺς γάμους.
           □   10a
           □
           □
10a **καὶ ἐξελθόντες οἱ δοῦλοι** ἐκεῖνοι εἰς **τὰς ὁδοὺς**
 b   συνήγαγον πάντας οὓς εὗρον, πονηρούς τε καὶ ἀγαθούς·
 c   καὶ *ἐπλήσθη ὁ *γάμος ἀνακειμένων.
           □
           8c
           □

1   Lc 14,16-24

2

3 16b □ ἄνθρωπός τις

4   c   □ ἐποίει *δεῖπνον μέγα □, καὶ ἐκάλεσεν πολλοὺς

5 17a   καὶ ἀπέστειλεν τὸν δοῦλον αὐτοῦ

6   □

7   b   τῇ ὥρᾳ τοῦ δείπνου

8   20b

9   □

10 c   εἰπεῖν τοῖς κεκλημένοις·

11   □

12   □

13 d   *ἔρχεσθε, ὅτι ἤδη ἕτοιμά ἐστιν.

14 18a   *καὶ ἤρξαντο ἀπὸ μιᾶς πάντες παραιτεῖσθαι.

15 b   ὁ πρῶτος εἶπεν αὐτῷ·

16 c   ἀγρὸν ἠγόρασα καὶ ἔχω ἀνάγκην ἐξελθὼν ἰδεῖν αὐτόν·

17 d   ἐρωτῶ σε, ἔχε με παρῃτημένον.

18 19a   καὶ ἕτερος εἶπεν·

19 b   ζεύγη βοῶν ἠγόρασα πέντε καὶ πορεύομαι δοκιμάσαι αὐτά·

20 c   ἐρωτῶ σε, ἔχε με παρῃτημένον.

21 20a   καὶ ἕτερος εἶπεν·

22 b   γυναῖκα ἔγημα καὶ διὰ τοῦτο οὐ δύναμαι ἐλθεῖν.

23 21a   καὶ παραγενόμενος ὁ δοῦλος

24 b   ἀπήγγειλεν τῷ κυρίῳ αὐτοῦ ταῦτα.

25 c   τότε ὀργισθεὶς / ὁ *οἰκοδεσπότης

26   □

27   □

28 d   □ *εἶπεν τῷ δούλῳ αὐτοῦ·

29   □

30   24b

31 e   *ἔξελθε □ ταχέως *εἰς τὰς *πλατείας καὶ ῥύμας τῆς πόλεως

32 f   καὶ τοὺς πτωχοὺς καὶ ἀναπείρους καὶ τυφλοὺς καὶ χωλοὺς

33 g   *εἰσάγαγε *ὧδε.

34 22a   καὶ εἶπεν ὁ δοῦλος·

35 b   κύριε, γέγονεν ὃ ἐπέταξας, καὶ ἔτι τόπος ἐστίν.

36 23a   καὶ εἶπεν ὁ κύριος πρὸς τὸν δοῦλον·

37 b   ἔξελθε εἰς τὰς ὁδοὺς καὶ φραγμοὺς καὶ ἀνάγκασον εἰσελθεῖν,

38   □

39 c   ἵνα *γεμισθῇ μου ὁ *οἶκος·

40 24a   λέγω γὰρ ὑμῖν ὅτι

41 b   οὐδεὶς τῶν ἀνδρῶν ἐκείνων τῶν κεκλημένων

42 c   γεύσεταί μου τοῦ δείπνου.

Mt 10,37

□

37a ὁ φιλῶν □ **πατέρα** □ *ἢ □ **μητέρα** ὑπὲρ ἐμὲ

□   37c

□

□

b **οὐκ** □ ἔστιν **μου** *ἄξιος,

c καὶ ὁ φιλῶν *υἱὸν *ἢ θυγατέρα ὑπὲρ ἐμὲ

d οὐκ ἔστιν μου ἄξιος·

38a καὶ *ὃς οὐ *λαμβάνει **τὸν σταυρὸν** *αὐτοῦ

b   καὶ *ἀκολουθεῖ **ὀπίσω μου,**

c **οὐκ** □ ἔστιν **μου** *ἄξιος.

Mt 5,13

13a ὑμεῖς ἐστε **τὸ ἅλας** τῆς γῆς·

b **ἐὰν δὲ** □ **τὸ ἅλας μωρανθῇ,**

c   **ἐν τίνι** *ἁλισθήσεται;

d **εἰς** *οὐδὲν *ἰσχύει ἔτι

e   εἰ μὴ **βληθὲν** / ἔξω καταπατεῖσθαι ὑπὸ τῶν ἀνθρώπων.

Mt 18,12-14

12a τί ὑμῖν δοκεῖ;

b ἐὰν *γένηταί *τινι **ἀνθρώπῳ** □ **ἑκατὸν πρόβατα**

c   καὶ *πλανηθῇ **ἓν** / ἐξ αὐτῶν,

d *οὐχὶ *ἀφήσει **τὰ ἐνενήκοντα ἐννέα** *ἐπὶ τὰ *ὄρη

e   **καὶ πορευθεὶς** □ *ζητεῖ **τὸ** *πλανώμενον;

13a **καὶ** ἐὰν γένηται εὑρεῖν **αὐτό,** □ 13c

□

□

□

□

b ἀμὴν **λέγω ὑμῖν ὅτι**

c   **χαίρει** 14ab

d   **ἐπ'** *αὐτῷ μᾶλλον **ἢ**

e   **ἐπὶ** τοῖς **ἐνενήκοντα ἐννέα** □

f   *τοῖς *μὴ πεπλανημένοις.

14a **οὕτως** οὐκ **ἔστιν** θέλημα

b   ἔμπροσθεν τοῦ πατρὸς ὑμῶν τοῦ ἐν □ **οὐρανοῖς**

c   ἵνα ἀπόληται **ἓν** τῶν μικρῶν τούτων.

Lc 14,26-27

26a εἴ τις ἔρχεται πρός με
  b   καὶ οὐ μισεῖ τὸν **πατέρα** ἑαυτοῦ *καὶ τὴν **μητέρα**
  c   καὶ τὴν γυναῖκα *καὶ τὰ *τέκνα
  d   καὶ τοὺς ἀδελφοὺς καὶ τὰς ἀδελφὰς
  e   ἔτι τε καὶ τὴν ψυχὴν ἑαυτοῦ,
  f   **οὐ δύναται εἶναί μου** *μαθητής.
        □   26c
        □
27a □ *δστις **οὐ** *βαστάζει **τὸν σταυρὸν** *ἑαυτοῦ
  b   καὶ *ἔρχεται **ὀπίσω μου,**
  c   οὐ δύναται εἶναί **μου** *μαθητής.

Lc 14,34-35

34a καλὸν οὖν **τὸ ἄλας·**
  b   **ἐὰν δὲ καὶ τὸ ἄλας μωρανθῇ,**
  c   ἐν **τίνι** *ἀρτυθήσεται;
35a *οὔτε **εἰς** γῆν οὔτε εἰς κοπρίαν *εὔθετόν ἐστιν,
  b   ἔξω / βάλλουσιν αὐτό □.

Lc 15,4-7

    □
4a □ *τίς **ἄνθρωπος** ἐξ ὑμῶν *ἔχων **ἑκατὸν πρόβατα**
  b   καὶ *ἀπολέσας **ἐξ αὐτῶν** / ἓν
  c   *οὐ *καταλείπει **τὰ ἐνενήκοντα ἐννέα** *ἐν τῇ *ἐρήμῳ
  d   **καὶ πορεύεται** ἐπὶ **τὸ** *ἀπολωλὸς ἕως *εὕρῃ **αὐτό;**
5   **καὶ εὑρὼν** □ ἐπιτίθησιν ἐπὶ τοὺς ὤμους αὐτοῦ **χαίρων**
6a   καὶ ἐλθὼν εἰς τὸν οἶκον
  b   συγκαλεῖ τοὺς φίλους καὶ τοὺς γείτονας λέγων αὐτοῖς·
  c   συγχάρητέ μοι,
  d   ὅτι εὗρον τὸ πρόβατόν μου τὸ ἀπολωλός.
7a □ **λέγω ὑμῖν ὅτι**
  b   **οὕτως** *χαρὰ ἐν τῷ **οὐρανῷ ἔσται**
  c   ἐπὶ ἑνὶ *ἁμαρτωλῷ μετανοοῦντι □ **ἢ**
  d   ἐπὶ □ **ἐνενήκοντα ἐννέα** δικαίοις
  e   *οἵτινες *οὐ χρείαν ἔχουσιν μετανοίας.
      7b
      7b
      7c

1   Mt 6,24

2

3 24a οὐδεὶς □ δύναται δυσὶ κυρίοις δουλεύειν·

4   b   ἢ γὰρ τὸν ἕνα μισήσει καὶ τὸν ἕτερον ἀγαπήσει,

5   c   ἢ ἑνὸς ἀνθέξεται καὶ τοῦ ἑτέρου καταφρονήσει.

6   d οὐ δύνασθε θεῷ δουλεύειν καὶ μαμωνᾷ.

7

8   Mt 11,12-13

9

10   13

11 12a ἀπὸ δὲ τῶν *ἡμερῶν Ἰωάννου τοῦ βαπτιστοῦ ἕως ἄρτι

12   b ἡ βασιλεία τῶν *οὐρανῶν *βιάζεται,

13   c καὶ βιασταὶ *ἁρπάζουσιν / αὐτήν.

14 13 πάντες γὰρ οἱ προφῆται / καὶ / ὁ νόμος *ἕως Ἰωάννου ἐπροφήτευσαν.

15

16   Mt 5,18

17

18 18b ἕως ἂν παρέλθῃ / ὁ οὐρανὸς καὶ ἡ γῆ,

19   c ἰῶτα ἓν ἢ μία κεραία οὐ μὴ *παρέλθῃ / ἀπὸ τοῦ νόμου,

20   d   ἕως ἂν πάντα γένηται.

21

22   Mt 5,32

23

24 32b πᾶς ὁ ἀπολύων τὴν γυναῖκα αὐτοῦ παρεκτὸς λόγου πορνείας □

25   c ποιεῖ αὐτὴν μοιχευθῆναι,

26   d καὶ *ὃς ἐὰν ἀπολελυμένην □ γαμήσῃ,

27   e *μοιχᾶται.

28

29   Mt 18,7

30

31 7a οὐαὶ τῷ κόσμῳ ἀπὸ τῶν σκανδάλων·

32   b *ἀνάγκη γὰρ □ ἐλθεῖν / τὰ σκάνδαλα,

33   c πλὴν οὐαὶ τῷ ἀνθρώπῳ δι' οὗ τὸ σκάνδαλον ἔρχεται.

34

35   Mt 18,15.21-22

36

37 15a ἐὰν δὲ ἁμαρτήσῃ εἰς σὲ ὁ ἀδελφός σου,

38   b ὕπαγε *ἔλεγξον αὐτὸν μεταξὺ σοῦ καὶ αὐτοῦ μόνου.

39   c □ ἐάν σου *ἀκούσῃ, *ἐκέρδησας τὸν *ἀδελφόν σου.

40 21b ... κύριε, ποσάκις ἁμαρτήσει εἰς *ἐμὲ ὁ ἀδελφός μου

41   c   καὶ ἀφήσω αὐτῷ; ἕως ἑπτάκις;

42 22a λέγει αὐτῷ ὁ Ἰησοῦς· οὐ λέγω σοι ἕως ἑπτάκις,

43   b   ἀλλὰ ἕως ἑβδομηκοντάκις ἑπτά.

1   Lc 16,13

2

3 13a οὐδεὶς οἰκέτης δύναται δυσὶ κυρίοις δουλεύειν·
4   b   ἢ γὰρ τὸν ἕνα μισήσει καὶ τὸν ἕτερον ἀγαπήσει,
5   c   ἢ ἑνὸς ἀνθέξεται καὶ τοῦ ἑτέρου καταφρονήσει.
6   d οὐ δύνασθε θεῷ δουλεύειν καὶ μαμωνᾷ.

7

8   Lc 16,16

9

10 16a ὁ νόμος / καὶ / □ οἱ προφῆται *μέχρι Ἰωάννου □·
11 b ἀπὸ *τότε □
12 c   ἡ βασιλεία τοῦ *θεοῦ *εὐαγγελίζεται
13 d   καὶ πᾶς εἰς αὐτὴν / *βιάζεται.
14   16a

15

16 Lc 16,17

17

18 17a εὐκοπώτερον δέ ἐστιν τὸν οὐρανὸν καὶ τὴν γῆν / παρελθεῖν
19 b   ἢ □ τοῦ νόμου / □ μίαν κεραίαν *πεσεῖν.
20   □

21

22 Lc 16,18

23

24 18a πᾶς ὁ ἀπολύων τὴν γυναῖκα αὐτοῦ □ καὶ γαμῶν ἑτέραν
25 b   □ μοιχεύει,
26 c καὶ *ὁ ἀπολελυμένην ἀπὸ ἀνδρὸς γαμῶν
27 d   *μοιχεύει.

28

29 Lc 17,1

30

31   □
32 1b *ἀνένδεκτόν □ ἐστιν τοῦ τὰ σκάνδαλα / μὴ ἐλθεῖν,
33 c   πλὴν οὐαὶ □ δι᾽ οὗ □ ἔρχεται·

34

35 Lc 17,3-4

36

37 3b ἐὰν □ ἁμάρτῃ □ ὁ ἀδελφός σου
38 c   □ *ἐπιτίμησον αὐτῷ □,
39 d καὶ ἐὰν *μετανοήσῃ *ἄφες *αὐτῷ.
40 4a καὶ ἐὰν ἑπτάκις τῆς ἡμέρας ἁμαρτήσῃ εἰς *σὲ □
41 b   καὶ ἑπτάκις ἐπιστρέψῃ πρὸς σὲ λέγων· μετανοῶ,
42 c   ἀφήσεις αὐτῷ.
43   □

1   Mt 17,20

2

3 20b ἀμὴν γὰρ λέγω ὑμῖν,
4   c   *ἐὰν ἔχητε **πίστιν ὡς κόκκον σινάπεως**,
5   d   *ἐρεῖτε □ τῷ *ὄρει τούτῳ·
6   e   *μετάβα ἔνθεν ἐκεῖ □,
7   f   **καὶ** *μεταβήσεται· καὶ οὐδὲν ἀδυνατήσει **ὑμῖν**.

8

9   Mt 24,26-27.28.37-41; 10,39

10

11 26a ἐὰν *οὖν *εἴπωσιν **ὑμῖν· ἰδοὺ** *ἐν τῇ ἐρήμῳ ἐστίν,
12 b   **μὴ** *ἐξέλθητε·
13 c   □ **ἰδοὺ** *ἐν τοῖς ταμείοις,
14 d   ***μὴ** *πιστεύσητε·
15 27a **ὥσπερ γὰρ ἡ ἀστραπὴ** *ἐξέρχεται *ἀπὸ *ἀνατολῶν
16 b   καὶ *φαίνεται / *ἕως *δυσμῶν,
17 c   **οὕτως ἔσται ἡ** *παρουσία **τοῦ υἱοῦ τοῦ ἀνθρώπου·**
18 37a *ὥσπερ *γὰρ □ **αἱ ἡμέραι** τοῦ **Νῶε,**
19 b   **οὕτως ἔσται** □ **ἡ** *παρουσία **τοῦ υἱοῦ τοῦ ἀνθρώπου.**
20 38a ὡς γὰρ ἦσαν ἐν ταῖς ἡμέραις ἐκείναις ταῖς πρὸ τοῦ κατακλυσμοῦ
21 b   *τρώγοντες καὶ **πίνοντες, γαμοῦντες καὶ γαμίζοντες,**
22 c   **ἄχρι ἧς ἡμέρας εἰσῆλθεν Νῶε εἰς τὴν κιβωτόν,**
23 39a **καὶ οὐκ ἔγνωσαν ἕως ἦλθεν ὁ κατακλυσμὸς καὶ** *ἦρεν *ἅπαντας,
24   □
25   □
26   □
27   □
28 b *οὕτως **ἔσται** καὶ ἡ *παρουσία **τοῦ υἱοῦ τοῦ ἀνθρώπου** □.
29   10,39a *ὁ □ *εὑρὼν **τὴν ψυχὴν αὐτοῦ** □
30   b   **ἀπολέσει αὐτήν,**
31   c *καὶ *ὁ **ἀπολέσας τὴν ψυχὴν αὐτοῦ ἕνεκεν ἐμοῦ**
32   d   *εὑρήσει **αὐτήν.**
33 40a □ *τότε **δύο** / **ἔσονται** *ἐν τῷ *ἀγρῷ,
34 b   □ **εἷς παραλαμβάνεται καὶ** □ *εἷς **ἀφίεται·**
35 41a □ **δύο ἀλήθουσαι** *ἐν τῷ *μύλῳ,
36 b   □ **μία παραλαμβάνεται** *καὶ □ *μία **ἀφίεται.**
37   □
38   □
39 28 **ὅπου ἐὰν ᾖ τὸ** *πτῶμα, **ἐκεῖ** □ *συναχθήσονται / **οἱ ἀετοί.**

1   **Lc 17,6**

2

3   □

4   6b   *εἰ ἔχετε **πίστιν ὡς κόκκον σινάπεως,**

5   c   *ἐλέγετε ἂν τῇ *συκαμίνῳ ταύτῃ·

6   d   *ἐκριζώθητι καὶ φυτεύθητι ἐν τῇ θαλάσσῃ·

7   e   **καὶ** *ὑπήκουσεν ἂν □ **ὑμῖν.**

8

9   **Lc 17,23-24.26-30.33-35.37**

10

11   23a   *καὶ □ *ἐροῦσιν **ὑμῖν· ἰδοὺ** *ἐκεῖ □,

12   b   ἤ· **ἰδοὺ** *ὧδε·

13   c   **μὴ ἀπέλθητε**

14   d   *μηδὲ *διώξητε.

15   24a   **ὥσπερ γὰρ ἡ ἀστραπὴ** *ἀστράπτουσα *ἐκ τῆς *ὑπὸ τὸν οὐρανὸν

16   b   *εἰς τὴν *ὑπ᾽ οὐρανὸν / *λάμπει,

17   c   **οὕτως ἔσται ὁ υἱὸς τοῦ ἀνθρώπου** ἐν τῇ *ἡμέρᾳ αὐτοῦ.

18   26a   *καὶ *καθὼς ἐγένετο ἐν ταῖς **ἡμέραις** □ **Νῶε,**

19   b   **οὕτως ἔσται καὶ** ἐν ταῖς *ἡμέραις **τοῦ υἱοῦ τοῦ ἀνθρώπου·**

20   □

21   27a   *ἤσθιον □, ἔπινον, ἐγάμουν □, ἐγαμίζοντο,

22   b   **ἄχρι ἧς ἡμέρας εἰσῆλθεν Νῶε εἰς τὴν κιβωτὸν**

23   c   **καὶ** □ **ἦλθεν ὁ κατακλυσμὸς καὶ** *ἀπώλεσεν *πάντας.

24   28a   ὁμοίως καθὼς ἐγένετο ἐν ταῖς ἡμέραις Λώτ·

25   b   ἤσθιον, ἔπινον, ἠγόραζον, ἐπώλουν, ἐφύτευον, ᾠκοδόμουν·

26   29a   ᾗ δὲ ἡμέρᾳ ἐξῆλθεν Λὼτ ἀπὸ Σοδόμων,

27   b   ἔβρεξεν πῦρ καὶ θεῖον ἀπ᾽ οὐρανοῦ καὶ ἀπώλεσεν πάντας.

28   30   *κατὰ τὰ αὐτὰ **ἔσται** □ ᾗ ***ἡμέρᾳ ὁ υἱὸς τοῦ ἀνθρώπου** ἀποκαλύπτεται.

29   33a   **ὃς ἐὰν** *ζητήσῃ **τὴν ψυχὴν αὐτοῦ** περιποιήσασθαι

30   b   **ἀπολέσει αὐτήν,**

31   c   *ὃς *δ᾽ ἂν **ἀπολέσῃ** □

32   d   *ζῳογονήσει **αὐτήν.**

33   34a   λέγω ὑμῖν, ταύτῃ τῇ *νυκτὶ **ἔσονται** / **δύο** *ἐπὶ *κλίνης μιᾶς,

34   b   ὁ εἷς **παραλημφθήσεται καὶ ὁ** *ἕτερος **ἀφεθήσεται·**

35   35a   ἔσονται **δύο ἀλήθουσαι** *ἐπὶ τὸ *αὐτό,

36   b   **ἡ μία παραλημφθήσεται ἡ** *δὲ *ἑτέρα **ἀφεθήσεται.**

37   37a   καὶ ἀποκριθέντες λέγουσιν αὐτῷ· ποῦ, κύριε;

38   b   ὁ δὲ εἶπεν αὐτοῖς·

39   c   **ὅπου** □ **τὸ** *σῶμα, **ἐκεῖ καὶ οἱ ἀετοὶ** / *ἐπισυναχθήσονται.

Mt 25,14-30

14a ὥσπερ γὰρ **ἄνθρωπος** □ *ἀποδημῶν □

□

b ἐκάλεσεν □ τοὺς *ἰδίους **δούλους**

c καὶ *παρέδωκεν **αὐτοῖς** τὰ *ὑπάρχοντα αὐτοῦ,

15a   καὶ ᾧ μὲν **ἔδωκεν** πέντε *τάλαντα, ᾧ δὲ δύο, ᾧ δὲ ἕν,

b   ἑκάστῳ κατὰ τὴν ἰδίαν δύναμιν,

c καὶ *ἀπεδήμησεν.

16a   εὐθέως¹ πορευθεὶς ὁ τὰ πέντε τάλαντα λαβὼν

b   ***ἠργάσατο** ἐν αὐτοῖς καὶ ἐκέρδησεν ἄλλα πέντε.

17a   ὡσαύτως ὁ τὰ δύο

b   ἐκέρδησεν ἄλλα δύο.

18a   ὁ δὲ τὸ ἓν λαβὼν ἀπελθὼν

b   ὤρυξεν γῆν καὶ ἔκρυψεν **τὸ ἀργύριον** τοῦ κυρίου αὐτοῦ.

19a μετὰ *δὲ πολὺν χρόνον *ἔρχεται ὁ ***κύριος** □

b   □ τῶν **δούλων** *ἐκείνων

c   καὶ *συναίρει λόγον μετ᾽ αὐτῶν.

20a ***καὶ** *προσελθὼν **ὁ** τὰ πέντε τάλαντα λαβὼν

b   προσήνεγκεν ἄλλα πέντε τάλαντα **λέγων·**

c   **κύριε,** πέντε *τάλαντά μοι παρέδωκας·

d   ἴδε ἄλλα πέντε *τάλαντα *ἐκέρδησα. 16b

21a □ *ἔφη **αὐτῷ** ὁ κύριος αὐτοῦ·

b   ***εὖ, δοῦλε** / **ἀγαθὲ** καὶ πιστέ, □ *ἐπὶ *ὀλίγα *ἦς / **πιστός,**

c   *ἐπὶ πολλῶν / σε *καταστήσω·

d   εἴσελθε εἰς τὴν χαρὰν τοῦ κυρίου σου.

22a *προσελθὼν *δὲ καὶ **ὁ** τὰ δύο τάλαντα *εἶπεν·

b   **κύριε,** / δύο *τάλαντά μοι παρέδωκας·

c   ἴδε ἄλλα *δύο *τάλαντα *ἐκέρδησα.

23a *ἔφη *αὐτῷ ὁ κύριος αὐτοῦ·

b   εὖ, δοῦλε ἀγαθὲ καὶ πιστέ, ἐπὶ ὀλίγα ἦς πιστός,

c   *ἐπὶ πολλῶν / σε / *καταστήσω·

d   εἴσελθε εἰς τὴν χαρὰν τοῦ κυρίου σου.

24a *προσελθὼν *δὲ καὶ **ὁ** τὸ ἓν τάλαντον εἰληφὼς *εἶπεν·

b   **κύριε,** 25ab

       25a

c   *ἔγνων □ **σε, ὅτι** *σκληρὸς **εἶ** / **ἄνθρωπος,**

d   **θερίζων** *ὅπου **οὐκ ἔσπειρας** / **καὶ** / *συνάγων *ὅθεν **οὐ** *διεσκόρπισας,

25a   καὶ **φοβηθεὶς** ἀπελθὼν ἔκρυψα τὸ *τάλαντόν σου ἐν τῇ γῇ·

b   ***ἴδε** ἔχεις τὸ σόν.

1   Lc 19,12-27

2

3 12b   □ **ἄνθρωπός** τις εὐγενὴς *ἐπορεύθη εἰς χώραν μακρὰν

4   c   λαβεῖν ἑαυτῷ βασιλείαν καὶ ὑποστρέψαι.

5 13a **καλέσας** δὲ δέκα **δούλους** *ἑαυτοῦ

6   b   □ ***ἔδωκεν αὐτοῖς** δέκα *μνᾶς

7   □

8   c   καὶ εἶπεν πρὸς αὐτούς·

9   d   *πραγματεύσασθε ἐν ᾧ *ἔρχομαι.

10 14a οἱ δὲ πολῖται αὐτοῦ ἐμίσουν αὐτὸν

11   b   καὶ ἀπέστειλαν πρεσβείαν ὀπίσω αὐτοῦ λέγοντες·

12   c   οὐ θέλομεν τοῦτον βασιλεῦσαι ἐφ' ἡμᾶς.

13   □

14   □

15   □ 15c

16 15a *καὶ ἐγένετο □ ἐν τῷ *ἐπανελθεῖν *αὐτὸν λαβόντα τὴν βασιλείαν

17   b   καὶ εἶπεν φωνηθῆναι αὐτῷ τοὺς **δούλους** *τούτους

18   c   οἷς δεδώκει **τὸ ἀργύριον**, ἵνα *γνοῖ τί διεπραγματεύσαντο.

19 16a *παρεγένετο *δὲ ὁ πρῶτος

20   b   □ **λέγων·**

21   c   **κύριε,** ἡ *μνᾶ σου,

22   d   δέκα *προσ**ηργάσατο** *μνᾶς.

23 17a καὶ *εἶπεν **αὐτῷ** □·

24   b   *εὖγε, **ἀγαθὲ** / **δοῦλε** □, ὅτι *ἐν *ἐλαχίστῳ **πιστὸς** / *ἐγένου,

25   c   *ἴσθι ἐξουσίαν ἔχων / *ἐπάνω δέκα πόλεων.

26   □

27 18a *καὶ *ἦλθεν ὁ δεύτερος *λέγων·

28   b   ἡ *μνᾶ σου, / **κύριε,**

29   c   *ἐποίησεν *πέντε *μνᾶς.

30 19a *εἶπεν δὲ □ καὶ *τούτῳ·

31   □

32   b   καὶ σὺ / *ἐπάνω *γίνου / πέντε πόλεων.

33   □

34 20a *καὶ ὁ ἕτερος *ἦλθεν *λέγων·

35   b   **κύριε,** *ἰδοὺ ἡ *μνᾶ σου,

36   c   ἣν εἶχον ἀποκειμένην ἐν σουδαρίῳ·

37 21a *ἐφοβούμην γάρ σε, ὅτι **ἄνθρωπος** / *αὐστηρὸς **εἶ,**

38   b   *αἴρεις *ὃ **οὐκ** *ἔθηκας / **καὶ** / θερίζεις *ὃ **οὐκ ἔσπειρας.**

39   21a.20bc

40   20b

[Mt 25,26-30]

26a ἀποκριθεὶς δὲ ὁ κύριος αὐτοῦ *εἶπεν **αὐτῷ·**
b □ **πονηρὲ δοῦλε** καὶ ὀκνηρέ,
c **ᾔδεις ὅτι** □
d **θερίζω** *ὅπου **οὐκ ἔσπειρα** / **καὶ** / *συνάγω *ὅθεν **οὐ** *διεσκόρπισα;
27a ἔδει σε οὖν *βαλεῖν **τὰ ἀργύριά** / **μου** τοῖς *τραπεζίταις,
b *καὶ ἐλθὼν / ἐγὼ *ἐκομισάμην / ἂν τὸ *ἐμὸν / σὺν τόκῳ.

□

28a **ἄρατε οὖν ἀπ' αὐτοῦ τὸ** *τάλαντον
b **καὶ δότε τῷ ἔχοντι** / **τὰ δέκα** *τάλαντα·

□

□

29a **τῷ γὰρ ἔχοντι** / **παντὶ δοθήσεται** καὶ περισσευθήσεται,
b **τοῦ δὲ μὴ ἔχοντος καὶ ὃ ἔχει ἀρθήσεται** / **ἀπ'** αὐτοῦ.

□

30a καὶ τὸν ἀχρεῖον δοῦλον ἐκβάλετε εἰς τὸ σκότος τὸ ἐξώτερον.
b ἐκεῖ ἔσται ὁ κλαυθμὸς καὶ ὁ βρυγμὸς τῶν ὀδόντων.

Mt 19,28

28b ἀμὴν λέγω ὑμῖν ὅτι
c **ὑμεῖς** □ **οἱ** *ἀκολουθήσαντές **μοι,**

□

□

□

□

d **ἐν τῇ** *παλιγγενεσίᾳ,
e ὅταν καθίσῃ ὁ υἱὸς τοῦ ἀνθρώπου ἐπὶ θρόνου δόξης αὐτοῦ,
f □ **καθήσεσθε** καὶ **ὑμεῖς ἐπὶ δώδεκα θρόν**ους
g **κρίνοντες** / **τὰς δώδεκα φυλὰς τοῦ Ἰσραήλ.**

1   [Lc 19,22-27]

2

3   22a   □ *λέγει **αὐτῷ·**

4   b   ἐκ τοῦ στόματός σου κρινῶ σε, **πονηρὲ δοῦλε** □·

5   c   **ᾔδεις ὅτι** ἐγὼ ἄνθρωπος αὐστηρός εἰμι,

6   d   *αἴρων *ὃ οὐκ *ἔθηκα / **καὶ** / **θερίζων** *ὃ **οὐκ ἔσπειρα;**

7   23a   καὶ διὰ τί οὐκ *ἔδωκάς **μου** / τὸ **ἀργύριον** ἐπὶ *τράπεζαν;

8   b   *κἀγὼ / ἐλθὼν σὺν τόκῳ / ἂν *αὐτὸ / *ἔπραξα.

9   24a   καὶ τοῖς παρεστῶσιν εἶπεν·

10   b   **ἄρατε** □ **ἀπ᾽ αὐτοῦ** τὴν *μνᾶν

11   c   **καὶ δότε τῷ τὰς δέκα** *μνᾶς / **ἔχοντι**

12   25   - καὶ εἶπαν αὐτῷ· κύριε, ἔχει δέκα μνᾶς -

13   26a   λέγω ὑμῖν ὅτι

14   b   **παντὶ** □ / **τῷ ἔχοντι δοθήσεται** □,

15   c   **ἀπὸ** / **δὲ τοῦ μὴ ἔχοντος καὶ ὃ ἔχει ἀρθήσεται.**

16   27a   πλὴν τοὺς ἐχθρούς μου τούτους

17   b   τοὺς μὴ θελήσαντάς με βασιλεῦσαι ἐπ᾽ αὐτοὺς

18   c   ἀγάγετε ὧδε καὶ κατασφάξατε αὐτοὺς ἔμπροσθέν μου.

19

20   Lc 22,28-30

21

22   □

23   28a   **ὑμεῖς** δέ ἐστε **οἱ** *διαμεμενηκότες μετ᾽ ἐμοῦ

24   b   ἐν τοῖς πειρασμοῖς μου·

25   29a   κἀγὼ διατίθεμαι ὑμῖν

26   b   καθὼς διέθετό μοι ὁ πατήρ μου βασιλείαν,

27   30a   ἵνα ἔσθητε καὶ πίνητε ἐπὶ τῆς τραπέζης μου

28   b   **ἐν τῇ** *βασιλείᾳ μου,

29   □

30   c   καὶ **καθήσεσθε** □ **ἐπὶ** □ **θρόνων**

31   d   **τὰς δώδεκα φυλὰς** / **κρίνοντες** τοῦ Ἰσραήλ.

Part II

IQP/CritEd PARALLELS

IQP   International Q Project
            JBL 109 (1990) 499-501; 110 (1991) 494-498; 111 (1992)
            500-508; 112 (1993) 500-506; 113 (1994) 495-499; 114 (1995)
            475-485; and 116 (1997) 521-525.

CritEd   Critical Edition Q
            J.M. ROBINSON, P. HOFFMANN, & J.S. KLOPPENBORG, *The Critical
            Edition of Q. Synopsis including the Gospels of Matthew and
            Luke, Mark and Thomas,* Leuven, Peeters, 2000.

See F. NEIRYNCK, *The Reconstruction of Q and IQP/CritEd Parallels,* in
A. LINDEMANN (ed.), *The Sayings Source Q and the Historical Jesus*
(BETL, 158), Leuven, 2001, pp. 53-147, esp. 94-147 (cf. p. 56 n. 12; p. 93).

Sigla: [ ] without words enclosed: "the IQP decided with a probability
              of {C} that no text was present here"
             Differences in wording
          / Differences in word order
           Vertical line in the margin: Passage not in Lukan order
Where the location in CritEd differs from IQP, the text of the saying is
reproduced twice. Thus, e.g., Q 15,4-7 is given in normal print on p. 108
(with the CritEd parallel in small print on p. 109) and on p. 113 (with the
IQP parallel in small print on p. 112).

Q 3,⟦0⟧

<..> ⟦<ʼΙησου..>⟧ <... >

Q 3,2b-3a

2   ... ʼΙωάννη ...
3   ... πᾶσα .. η..περίχωρο... τοῦ ʼΙορδάνου ...

Q 3,7-9.16-17

7a ε⟦ἶπ⟧εν τοῖς ἐ⟦ρχ⟧ομένο<ι>ς ⟦ὄχλοις⟧
b   ⟦ἐπὶ τὸ⟧ βάπτισ⟦μα⟧ αὐτοῦ ·
c γεννήματα ἐχιδνῶν,
d τίς ὑπέδειξεν ὑμῖν φυγεῖν ἀπὸ τῆς μελλούσης ὀργῆς;
8a   ποιήσατε οὖν καρπὸν ἄξιον τῆς μετανοίας
b   καὶ μὴ δόξητε λέγειν ἐν ἑαυτοῖς·
c   πατέρα ἔχομεν τὸν ʼΑβραάμ.
d   λέγω γὰρ ὑμῖν ὅτι
e   δύναται ὁ θεὸς ἐκ τῶν λίθων τούτων
f   ἐγεῖραι τέκνα τῷ ʼΑβραάμ.
9a ἤδη δὲ ἡ ἀξίνη πρὸς τὴν ῥίζαν τῶν δένδρων κεῖται·
b   πᾶν οὖν δένδρον μὴ ποιοῦν καρπὸν καλὸν
c   ἐκκόπτεται καὶ εἰς πῦρ βάλλεται.
16a ἐγὼ μὲν ὑμᾶς βαπτίζω ⟦ἐν⟧ ὕδατι ⟦⟧,
b   ὁ δὲ ὀπίσω μου ἐρχόμενος ἰσχυρότερός μού ἐστιν,
c   οὗ οὐκ εἰμὶ ἱκανὸς
d   ⟦⟧ τ⟦ὰ⟧ ὑποδήματ⟦α⟧ ⟦⟧ ⟦βαστά⟧σαι·
e αὐτὸς ὑμᾶς βαπτίσει ἐν πνεύματι ἁγίῳ καὶ πυρί·
17a οὗ τὸ πτύον ἐν τῇ χειρὶ αὐτοῦ
b   καὶ διακαθαριεῖ τὴν ἅλωνα αὐτοῦ
c   καὶ συνάξει τὸν σῖτον εἰς τὴν ἀποθήκην αὐτοῦ,
d   τὸ δὲ ἄχυρον κατακαύσει πυρὶ ἀσβέστῳ.

«Q 3,21-22»

..

Q 3,⟦0⟧

⟦<... Ἰησου...>⟧

Q 3,2b-3a

2   <...> Ἰωάννη ...
3   <...> πᾶσα..η.. περίχωρο... τοῦ Ἰορδάνου <...>.

Q 3,7-9.16b-17

7a ⟦εἶπεν⟧ τοῖς ⟦ἐρχ⟧ομένο<ι>ς ⟦ὄχλοις⟧
 b   βαπτισ⟦θῆναι⟧·
 c γεννήματα ἐχιδνῶν,
 d τίς ὑπέδειξεν ὑμῖν φυγεῖν ἀπὸ τῆς μελλούσης ὀργῆς;
8a ποιήσατε οὖν καρπὸν ἄξιον τῆς μετανοίας
 b καὶ μὴ δόξητε λέγειν ἐν ἑαυτοῖς·
 c   πατέρα ἔχομεν τὸν Ἀβραάμ.
 d λέγω γὰρ ὑμῖν ὅτι
 e   δύναται ὁ θεὸς ἐκ τῶν λίθων τούτων
 f   ἐγεῖραι τέκνα τῷ Ἀβραάμ.
9a ἤδη δὲ ἡ ἀξίνη πρὸς τὴν ῥίζαν τῶν δένδρων κεῖται·
 b   πᾶν οὖν δένδρον μὴ ποιοῦν καρπὸν καλὸν
 c   ἐκκόπτεται καὶ εἰς πῦρ βάλλεται.
16a ἐγὼ μὲν ὑμᾶς βαπτίζω ⟦ἐν⟧ ὕδατι,
 b   ὁ δὲ ὀπίσω μου ἐρχόμενος ἰσχυρότερός μού ἐστιν,
 c   οὗ οὐκ εἰμὶ ἱκανὸς
 d   τ⟦ὰ⟧ ὑποδήματ⟦α⟧ ⟦βαστά⟧σαι·
 e αὐτὸς ὑμᾶς βαπτίσει ἐν πνεύματι ⟦ἁγίῳ⟧ καὶ πυρί·
17a οὗ τὸ πτύον ἐν τῇ χειρὶ αὐτοῦ
 b   καὶ διακαθαριεῖ τὴν ἅλωνα αὐτοῦ
 c καὶ συνάξει τὸν σῖτον εἰς τὴν ἀποθήκην αὐτοῦ,
 d τὸ δὲ ἄχυρον κατακαύσει πυρὶ ἀσβέστῳ.

Q 3,⟦21-22⟧

21   ⟦..Ἰησου.. βαπτισθε... νεῳχθη...ο... οὐρανο...,⟧
22   ⟦καὶ .. τὸ πνεῦμα ... ἐπ᾿ αὐτόν᾿... υἱ...⟧

Q 4,1-4.9-12.5-8.13

1a ⟦ὁ⟧ Ἰησοῦς / δὲ ⟦ ⟧ἤ...

b   ⟦ὑπὸ⟧ τ⟦οῦ⟧ πνεύματ⟦ος⟧ / ε... τη ... ἐρημ...

2a   πειρασθῆναι ὑπὸ τοῦ διαβόλου.

b   καὶ ⟦οὐκ ἔφαγεν οὐδὲν⟧ ἡμέρας τεσσεράκοντα,

c   .. ἐπείνασεν.

3a   καὶ εἶπεν αὐτῷ ὁ διάβολος·

b   εἰ υἱὸς εἶ τοῦ θεοῦ,

c   εἰπὲ ἵνα ⟦ οἱ ⟧ λίθ⟦ οι⟧ ⟦⟧ οὗτ⟦ οι⟧ ἄρτο⟦ ι⟧ γέν⟦ ων⟧ται.

4a   καὶ ἀπεκρίθη ὁ Ἰησοῦς·

b   γέγραπται ὅτι

c   οὐκ ἐπ' ἄρτῳ μόνῳ ζήσεται ὁ ἄνθρωπος.

9a παραλαμβάνει αὐτὸν ⟦ὁ διάβολος⟧ εἰς ...

b   καὶ ἔστησεν αὐτὸν ἐπὶ τὸ πτερύγιον τοῦ ἱεροῦ

c   καὶ ...ε... αὐτῷ·

d   εἰ υἱὸς εἶ τοῦ θεοῦ, βάλε σεαυτὸν ⟦⟧ κάτω·

10a   γέγραπται γὰρ

b   ὅτι τοῖς ἀγγέλοις αὐτοῦ ἐντελεῖται περὶ σοῦ

11a   καὶ ἐπὶ χειρῶν ἀροῦσίν σε,

b   μήποτε προσκόψῃς πρὸς λίθον τὸν πόδα σου.

12a   καὶ ε... αὐτῷ ὁ Ἰησοῦς·

b   ⟦⟧ γέγραπται·

c   οὐκ ἐκπειράσεις κύριον τὸν θεόν σου.

5a καὶ παραλαμβάνει αὐτὸν ⟦ ὁ διάβολος ⟧ εἰς ὄρος ⟦ὑψηλὸν λίαν⟧

b   καὶ δείκνυσιν αὐτῷ πάσας τὰς βασιλείας τοῦ κόσμου

c   καὶ τὴν δόξαν αὐτῶν

6   καὶ εἶπεν αὐτῷ ⟦⟧·

7   ταῦτά σοι πάντα δώσω, ⁷ ἐὰν προσκυνήσῃς μοι.

8a   καὶ ὁ Ἰησοῦς ...ε... αὐτῷ·

b   ⟦⟧ γέγραπται·

c   κύριον τὸν θεόν σου προσκυνήσεις

d   καὶ αὐτῷ μόνῳ λατρεύσεις.

13 καὶ ⟦⟧ ὁ διάβολος ἀφίησιν αὐτόν.

Q 4,16

⟦... ⟦⟧ Ναζαρά...⟧

Q 4,1-4.9-12.5-8.13

1a ⟦ὁ⟧ δὲ / Ἰησοῦς ⟦ἀν⟧ ἡ ⟦χθη⟧
 b   ⟦εἰς⟧ τὴ ⟦ν⟧ ἔρημ ⟦ον / ὑπὸ⟧ τ⟦οῦ⟧ πνεύμα⟦τος⟧
2a   πειρα ⟦ σθῆναι ⟧ ὑπὸ τοῦ διαβόλου.
 b   καὶ ... ἡμέρας τεσσεράκοντα,
 c   .. ἐπείνασεν.
3a καὶ εἶπεν αὐτῷ ὁ διάβολος·
 b   εἰ υἱὸς εἶ τοῦ θεοῦ,
 c   εἰπὲ ἵνα οἱ λίθοι οὗτοι ἄρτοι γένωνται.
4a καὶ ἀπεκρίθη ⟦αὐτ<ῷ>⟧ ὁ Ἰησοῦς·
 b   γέγραπται ὅτι
 c   οὐκ ἐπ' ἄρτῳ μόνῳ ζήσεται ὁ ἄνθρωπος.
9a παραλαμβάνει αὐτὸν ⟦ὁ διάβολος⟧ εἰς Ἰερουσαλὴμ
 b   καὶ ἔστησεν αὐτὸν ἐπὶ τὸ πτερύγιον τοῦ ἱεροῦ
 c   καὶ εἶπεν αὐτῷ·
 d   εἰ υἱὸς εἶ τοῦ θεοῦ, βάλε σεαυτὸν κάτω·
10a γέγραπται γὰρ
 b   ὅτι τοῖς ἀγγέλοις αὐτοῦ ἐντελεῖται περὶ σοῦ
11a   καὶ ἐπὶ χειρῶν ἀροῦσίν σε,
 b   μήποτε προσκόψῃς πρὸς λίθον τὸν πόδα σου.
12a καὶ ⟦ἀποκριθεὶς⟧ εἶπεν αὐτῷ ὁ Ἰησοῦς·
 b   γέγραπται·
 c   οὐκ ἐκπειράσεις κύριον τὸν θεόν σου.
5a καὶ παραλαμβάνει αὐτὸν ὁ διάβολος εἰς ὄρος ⟦ὑψηλὸν λίαν⟧
 b   καὶ δείκνυσιν αὐτῷ πάσας τὰς βασιλείας τοῦ κόσμου
 c   καὶ τὴν δόξαν αὐτῶν
6 καὶ εἶπεν αὐτῷ·
7   ταῦτά σοι πάντα δώσω, [7] ἐὰν προσκυνήσῃς μοι.
8a καὶ ⟦ἀποκριθεὶς⟧ ὁ Ἰησοῦς εἶπεν αὐτῷ·
 b   γέγραπται·
 c   κύριον τὸν θεόν σου προσκυνήσεις
 d   καὶ αὐτῷ μόνῳ λατρεύσεις.
13 καὶ ὁ διάβολος ἀφίησιν αὐτόν.

Q 4,16

<...> Ναζαρά <...>.

Q 6,20-23

20a καὶ 〚ἐπάρ〛ας το〚ὺς ὀφθαλμοὺς〛 αὐτοῦ
  b   〚εἰς τοὺς〛 μαθητὰ〚ς〛 αὐτοῦ 〚<εἶπεν>〛·
  c μακάριοι οἱ πτωχοί,
  d   ὅτι 〚ὑμετέρα〛 ἐστὶν ἡ βασιλεία τοῦ θεοῦ.
21a μακάριοι οἱ πεινῶντες,
  b   ὅτι χορτασθήσεσθε.
  c μακάριοι οἱ 〚κλαί〛οντες,
  d   ὅτι γελάσετε .
22a μακάριοί ἐστε ..
  b   ὅταν ὀνειδίσωσιν ὑμᾶς
  c   καὶ …ωσιν
  d   καὶ …ωσιν … ὑμῶν / .. πονηρὸν
  e   ἕνεκεν τοῦ υἱοῦ τοῦ ἀνθρώπου.
23a χαίρετε καὶ 〚ἀγαλλιᾶσθε〛,
  b   ὅτι ὁ μισθὸς ὑμῶν πολὺς ἐν τῷ οὐρανῷ·
  c   οὕτως γὰρ ἐποίουν τοῖς προφήταις 〚το<ῖ>ς πρὸ ὑμῶν〛·

Q 6,27-36

27 〚〛 ἀγαπᾶτε τοὺς ἐχθροὺς ὑμῶν
28 〚καὶ〛 προσεύχεσθε ὑπὲρ 〚ἐπηρεαζ〛όντων ὑμᾶς.
35a …σθε υἱοὶ …

  b   ὅτι τὸν ἥλιον αὐτοῦ ἀνατέλλει ἐπὶ πονηροὺς καὶ ἀ…α…οὺς
  c   καὶ βρέχει ….
29a … ῥαπίζ… / σε εἰς τὴν σιαγόνα 〚〛
  b   στρέψον .. καὶ τὴν ἄλλην,
  c   καὶ … σου / τὸ ἱμάτιον
  d   / καὶ τὸν χιτῶνα … .
      ?QMt 5,41?
      ..
30a τῷ αἰτοῦντί σε δός,
  b καὶ 〚〛 ἀπὸ 〚 τοῦ δανι σα< μένου> 〛 .. μὴ ἀπ〚αίτει〛.
31a καὶ καθὼς θέλετε ἵνα ποιῶσιν ὑμῖν οἱ ἄνθρωποι,
  b   οὕτως ποιεῖτε αὐτοῖς.

Q 6,20-23

20a <...> καὶ ⟦ἐπάρ⟧ας το⟦ὺς ὀφθαλμοὺς⟧ αὐτοῦ

b ⟦εἰς τοὺς⟧ μαθητὰ⟦ς⟧ αὐτοῦ ..λέγ... ·

c μακάριοι οἱ πτωχοί,

d ὅτι ⟦ὑμετέρα⟧ ἐστὶν ἡ βασιλεία τοῦ θεοῦ.

21a μακάριοι οἱ πεινῶντες,

b ὅτι χορτασθήσ⟦εσθε⟧.

c μακάριοι οἱ ⟦ πενθ ⟧ο ⟦ῦ⟧ ντες,

d ὅτι ⟦παρακληθήσ<εσθε>⟧.

22a μακάριοί ἐστε

b ὅταν ὀνειδίσωσιν ὑμᾶς

c καὶ ⟦διώξ⟧ωσιν

d καὶ ⟦εἴπ⟧ωσιν ⟦πᾶν⟧ πονηρὸν / ⟦καθ'⟧ ὑμῶν

e ἕνεκεν τοῦ υἱοῦ τοῦ ἀνθρώπου.

23a χαίρετε καὶ ⟦ἀγαλλιᾶσθε⟧,

b ὅτι ὁ μισθὸς ὑμῶν πολὺς ἐν τῷ οὐρανῷ·

c οὕτως γὰρ ⟦ἐδίωξαν⟧ τ οὺ ς προφήτ α ς τ οὺ ς πρὸ ὑμῶν.

Q 6,27-28.35c-d.29.⟦Mt 5,41⟧.30.31.32.34.36

27 ἀγαπᾶτε τοὺς ἐχθροὺς ὑμῶν

28 ⟦καὶ⟧ προσεύχεσθε ὑπὲρ τῶν ⟦ διωκ ⟧όντων ὑμᾶς,

35a ὅπως γένη σθε υἱοὶ τοῦ πατρὸς ὑμῶν,

b ὅτι τὸν ἥλιον αὐτοῦ ἀνατέλλει ἐπὶ πονηροὺς καὶ ⟦ἀγαθοὺς

c καὶ βρέχει ἐπὶ δικαίους καὶ ἀδίκους⟧.

29a ⟦ὅς< >⟧ σε / ⟦ ῥαπίζει⟧ εἰς τὴν σιαγόνα,　　　　read ⟦ὅστις⟧

b στρέψον ⟦αὐτῷ⟧ καὶ τὴν ἄλλην·

c καὶ ⟦τῷ θέλοντί σοι κριθῆναι καὶ⟧ τὸν χιτῶνά / σου ⟦λαβεῖν,

d ἄφες αὐτῷ⟧ / καὶ τὸ ἱμάτιον.

⟦Mt 5,41⟧ a ⟦«καὶ ὅστις σε ἀγγαρεύσει μίλιον ἕν,

b ὕπαγε μετ' αὐτοῦ δύο.»⟧

30a τῷ αἰτοῦντί σε δός,

b καὶ ⟦ ἀπὸ ⟧ τ ⟦ οῦ δανι <ζο μένου> τὰ⟧ σ⟦ὰ⟧ μὴ ἀπ⟦αίτει⟧.

31a καὶ καθὼς θέλετε ἵνα ποιῶσιν ὑμῖν οἱ ἄνθρωποι,

b οὕτως ποιεῖτε αὐτοῖς.

32a   .. ε⟦ἰ⟧ .. ἀγαπ⟦ᾶ⟧τε τοὺς ἀγαπῶντας ὑμᾶς,
  b   τίνα μισθὸν ἔχετε;
  c   οὐχὶ καὶ οἱ τελῶναι τὸ αὐτὸ ...σιν ;
33/34a καὶ ⟦⟧ ἐὰν ...ε τοὺς ἀδελφοὺς ὑμῶν ,
  b   ⟦ τί<να μισθὸν ἔχε>τε⟧;
  c   οὐχὶ καὶ οἱ ⟦ἐθνικ⟧οὶ τὸ αὐτὸ ποιοῦσιν;
35a   ... σθε υἱοὶ ...
  b   ὅτι τὸν ἥλιον αὐτοῦ ἀνατέλλει ἐπὶ πονηροὺς καὶ ἀ...α...οὺς
  c   καὶ βρέχει ... .
36a   ⟦γίν⟧εσθε οἰκτίρμονες
  b   ὡς .. ὁ πατὴρ ὑμῶν οἰκτίρμων ἐστίν.

Q 6,37-45

37a   καὶ μὴ κρίνετε, ... μὴ κριθῆτε·
  b   ⟦ἐν ᾧ γὰρ κρίματι κρίνετε κριθήσεσθε,
38   καὶ ἐν ⟧ ᾧ μέτρῳ μετρεῖτε μετρηθήσεται ὑμῖν.
39a   μήτι δύναται τυφλὸς τυφλὸν ὁδηγεῖν;
  b   οὐχὶ ἀμφότεροι εἰς βόθυνον πεσοῦνται;
40a   οὐκ ἔστιν μαθητὴς ὑπὲρ τὸν διδάσκαλον·
  b   ⟦ κατηρτισμένος δὲ πᾶς⟧ ἔσται ὡς ὁ διδάσκαλος αὐτοῦ.

41a   τί δὲ βλέπεις τὸ κάρφος τὸ ἐν τῷ ὀφθαλμῷ τοῦ ἀδελφοῦ σου,
  b   τὴν δὲ ἐν τῷ σῷ ὀφθαλμῷ δοκὸν οὐ κατανοεῖς;
42a   πῶς ⟦δύνασαι λέγειν⟧ τῷ ἀδελφῷ σου·
  b   ἄφες ἐκβάλω τὸ κάρφος ἐκ τοῦ ὀφθαλμοῦ σου,
  c   καὶ ἰδοὺ ἡ δοκὸς ἐν τῷ ὀφθαλμῷ σου;
  d   ὑποκριτά, ἔκβαλε πρῶτον ἐκ τοῦ ὀφθαλμοῦ σου τὴν δοκόν,
  e   καὶ τότε διαβλέψεις ἐκβαλεῖν τὸ κάρφος
  f   .. ἐ ... τ... ὀφθαλμ... τοῦ ἀδελφοῦ σου.
43a   ⟦⟧ οὔ<κ> ἐστιν δένδρον καλὸν ποιοῦν καρπὸν σαπρόν,
  b   οὐδὲ πάλιν δένδρον σαπρὸν ποιοῦν καρπὸν καλόν.
44a   ἐκ γὰρ τοῦ καρποῦ τὸ δένδρον γινώσκεται.
  b   μήτι συλλέγουσιν ἀπὸ ἀκανθῶν σῦκα ἢ ἐκ βάτου σταφυλήν;
45a   ὁ ἀγαθὸς ἄνθρωπος ἐκ τοῦ ἀγαθοῦ θησαυροῦ ⟦ ἐκβάλλ ⟧ ει ἀγαθά,
  b   καὶ ὁ πονηρὸς ἐκ τοῦ πονηροῦ ⟦ ἐκβάλλ ⟧ ει πονηρά·
  c   ἐκ γὰρ ⟦⟧ περισσεύματος ⟦⟧ καρδίας λαλεῖ τὸ στόμα.

32a .. ε⟦ἰ⟧ .. ἀγαπ⟦ᾶ⟧τε τοὺς ἀγαπῶντας ὑμᾶς,

b   τίνα μισθὸν ἔχετε;

c   οὐχὶ καὶ οἱ τελῶναι τὸ αὐτὸ ποιοῦσιν ;

34a καὶ ἐὰν ⟦δανίσητε παρ᾽ ὧν ἐλπίζετε λαβεῖν ,

b   τί<να μισθὸν ἔχε>τε⟧;

c   οὐχὶ καὶ ⟦οἱ ἐθνικ⟧οὶ τὸ αὐτὸ ποιοῦσιν;

35a ὅπως γένη σθε υἱοὶ τοῦ πατρὸς ὑμῶν ,   Between 6,28 and 29

b   ὅτι τὸν ἥλιον αὐτοῦ ἀνατέλλει ἐπὶ πονηροὺς καὶ ⟦ἀγαθοὺς

c   καὶ βρέχει ἐπὶ δικαίους καὶ ἀδίκους⟧ .

36a ⟦γίν⟧εσθε οἰκτίρμονες

b   ὡς .. ὁ πατὴρ ὑμῶν οἰκτίρμων ἐστίν.

Q 6,37-45

37a .. μὴ κρίνετε, ... μὴ κριθῆτε·

b   ⟦⟦ἐν ᾧ γὰρ κρίματι κρίνετε κριθήσεσθε,⟧⟧

38   ⟦καὶ ⟧ ἐν ᾧ μέτρῳ μετρεῖτε μετρηθήσεται ὑμῖν.

39a μήτι δύναται τυφλὸς τυφλὸν ὁδηγεῖν;

b   οὐχὶ ἀμφότεροι εἰς βόθυνον πεσοῦνται;

40a οὐκ ἔστιν μαθητὴς ὑπὲρ τὸν διδάσκαλον·

b   ⟦ ἀρκετὸν τῷ μαθητῇ ἵνα γένη⟧ται ὡς ὁ διδάσκαλος αὐτοῦ.

41a τί δὲ βλέπεις τὸ κάρφος τὸ ἐν τῷ ὀφθαλμῷ τοῦ ἀδελφοῦ σου,

b   τὴν δὲ ἐν τῷ σῷ ὀφθαλμῷ δοκὸν οὐ κατανοεῖς;

42a πῶς ... τῷ ἀδελφῷ σου·

b   ἄφες ἐκβάλω τὸ κάρφος ⟦ ἐκ ⟧ τ⟦ οῦ ⟧ ὀφθαλμ⟦ οῦ ⟧ σου,

c   καὶ ἰδοὺ ἡ δοκὸς ἐν τῷ ὀφθαλμῷ σου;

d   ὑποκριτά, ἔκβαλε πρῶτον ἐκ τοῦ ὀφθαλμοῦ σου τὴν δοκόν,

e   καὶ τότε διαβλέψεις ἐκβαλεῖν τὸ κάρφος

f   ... τ... ὀφθαλμ... τοῦ ἀδελφοῦ σου.

43a .. οὔ<κ> ἔστιν δένδρον καλὸν ποιοῦν καρπὸν σαπρόν,

b   οὐδὲ ⟦ πάλιν ⟧ δένδρον σαπρὸν ποιοῦν καρπὸν καλόν.

44a ἐκ γὰρ τοῦ καρποῦ τὸ δένδρον γινώσκεται.

b   μήτι συλλέγουσιν ἐξ ἀκανθῶν σῦκα ἢ ἐκ τριβόλων σταφυλ⟦άς⟧ ;

45a ὁ ἀγαθὸς ἄνθρωπος ἐκ τοῦ ἀγαθοῦ θησαυροῦ ἐκβάλλει ἀγαθά,

b   καὶ ὁ πονηρὸς ⟦ἄνθρωπος⟧ ἐκ τοῦ πονηροῦ ⟦θησαυροῦ⟧ ἐκβάλλει πονηρά·

c   ἐκ γὰρ περισσεύματος καρδίας λαλεῖ τὸ στόμα ⟦αὐτοῦ⟧.

Q 6,46-49

46a τί μ⟦ε καλεῖ⟧τε· κύριε κύριε,
 b καὶ οὐ ποιεῖτε ἃ λέγω;

47a πᾶς ὁ⟦⟧ ἀκού⟦ων⟧ μου τ⟦ῶν⟧ λόγ⟦ων⟧
 b καὶ ποι⟦ῶν⟧ αὐτούς,
48a ὅμοιός ἐστιν ἀνθρώπῳ,
 b ὃς⟦⟧ ᾠκοδόμησεν ⟦⟧ οἰκίαν ἐπὶ τὴν πέτραν·
 c καὶ ... καὶ .. ο ... ποταμο...
 d
 e .. προσέπεσ...ν τῇ οἰκίᾳ ἐκείνῃ,
 f καὶ οὐκ ⟦ἔπε⟧σεν ⟦⟧,
 g τεθεμελίωτο γὰρ ἐπὶ τὴν πέτραν.
49a καὶ ⟦πᾶς⟧ ὁ ἀκούων ⟦μου τ<ῶν> λόγ<ων>⟧
 b καὶ μὴ ποιῶν ⟦αὐτοὺς⟧
 c ὅμοιός ἐστιν ἀνθρώπῳ
 d ὃς⟦⟧ ᾠκοδόμησεν ⟦⟧ οἰκίαν ἐπὶ τὴν ἄμμον·
 e καὶ .. καὶ...
 f
 g .. προσέ⟦κοψ⟧...ν ο... ποταμο...
 h .. τῇ οἰκίᾳ ἐκείνῃ,
 i καὶ εὐθὺς ἔπεσεν
 j καὶ ἦν ⟦ἡ πτῶσις⟧ αὐτῆς μεγά⟦λη⟧.

Q 6,46-49

46a τί .. με καλεῖτε· κύριε κύριε,
  b   καὶ οὐ ποιεῖτε ἃ λέγω;

47a πᾶς ὁ ἀκούων μου τ ... λόγ ...
  b   καὶ ποιῶν αὐτούς,
48a ὅμοιός ἐστιν ἀνθρώπῳ,
  b   ὃς ᾠκοδόμησεν ⟦αὐτοῦ τὴν⟧ οἰκίαν ἐπὶ τὴν πέτραν·
  c   καὶ κατέβη ἡ βροχὴ καὶ ἦλθον οἱ ποταμ οἱ
  d   ⟦καὶ ἔπνευσαν οἱ ἄνεμοι⟧
  e   καὶ προσέπεσ α ν τῇ οἰκίᾳ ἐκείνῃ,
  f   καὶ οὐκ ἔπεσεν,
  g   τεθεμελίωτο γὰρ ἐπὶ τὴν πέτραν.
49a καὶ ⟦πᾶς⟧ ὁ ἀκούων ⟦μου τ οὺς λόγ ους ⟧
  b   καὶ μὴ ποιῶν ⟦αὐτοὺς⟧
  c ὅμοιός ἐστιν ἀνθρώπῳ
  d   ὃς ᾠκοδόμησεν ⟦αὐτοῦ τὴν⟧ οἰκίαν ἐπὶ τὴν ἄμμον·
  e   καὶ κατέβη ἡ βροχὴ καὶ ἦλθον οἱ ποταμ οἱ
  f   ⟦καὶ ἔπνευσαν οἱ ἄνεμοι⟧
  g   καὶ προσέκοψ α ν
  h   τῇ οἰκίᾳ ἐκείνῃ,
  i   καὶ εὐθὺς ἔπεσεν
  j   καὶ ἦν ⟦ἡ πτῶσις⟧ αὐτῆς μεγά⟦λη⟧.

Q 7,1.2-4.6-10

1a　...　ἐ⟦πλήρω⟧σεν ⟦ τοὺς λόγους τούτους ⟧

b　　εἰσῆλθεν εἰς Καφαρναούμ.

3　προσῆλθεν αὐτῷ ἑκατόνταρχος

4　　παρακαλῶν αὐτὸν καὶ λέγων·

2a　　　ὁ παῖς μου ⟦ κακῶς ἔχ ων⟧...

b　　καὶ λέγει αὐτῷ·

c　　　ἐγὼ ἐλθὼν θεραπεύσω αὐτόν.

6a καὶ ἀποκριθεὶς ὁ ἑκατοντάρχ .. ς ἔφη·

b　　κύριε, οὐκ εἰμὶ ἱκανὸς ἵνα μου ὑπὸ τὴν στέγην εἰσέλθῃς,

7　　ἀλλὰ εἰπὲ λόγῳ, καὶ ἰαθή⟦ σεται ⟧ ὁ παῖς μου.

8a　　καὶ γὰρ ἐγὼ ἄνθρωπός εἰμι ὑπὸ ἐξουσίαν

b　　　ἔχων ὑπ᾽ ἐμαυτὸν στρατιώτας,

c　　καὶ λέγω τούτῳ· πορεύθητι,

d　　　καὶ πορεύεται,

e　　καὶ ἄλλῳ· ἔρχου,

f　　　καὶ ἔρχεται,

g　　καὶ τῷ δούλῳ μου· ποίησον τοῦτο,

h　　　καὶ ποιεῖ.

9a ἀκούσας δὲ ὁ Ἰησοῦς ἐθαύμασεν

b　　καὶ εἶπεν τ⟦ οἷς ⟧ ἀκολουθοῦ⟦ σιν ⟧·

c　　λέγω ὑμῖν οὐδὲ ἐν τῷ Ἰσραὴλ τοσαύτην πίστιν εὗρον.

10 καὶ ⟦⟧ <...>.

Q 7,1.3.6b-9.?10?

1a [[καὶ ἐγένετο ὅτε]] ἐ[[πλήρω]]σεν .. τοὺς λόγους τούτους,

b εἰσῆλθεν εἰς Καφαρναούμ.

3a <> ἦλθεν αὐτῷ ἑκατόνταρχ [[ο]]ς

b παρακαλῶν αὐτὸν [[καὶ λέγων·]]

c ὁ παῖς [[μου κακῶς ἔχ <ει> .

d καὶ λέγει αὐτῷ·

e ἐγὼ]] ἐλθὼν θεραπεύσ [[ω]] αὐτόν ;

6a καὶ ἀποκριθεὶς ὁ ἑκατόνταρχ ο ς ἔφη·

b κύριε, οὐκ εἰμὶ ἱκανὸς ἵνα μου ὑπὸ τὴν στέγην εἰσέλθῃς,

7 ἀλλὰ εἰπὲ λόγῳ, καὶ ἰαθή[[τω]] ὁ παῖς μου.

8a καὶ γὰρ ἐγὼ ἄνθρωπός εἰμι ὑπὸ ἐξουσίαν,

b ἔχων ὑπ᾽ ἐμαυτὸν στρατιώτας,

c καὶ λέγω τούτῳ· πορεύθητι,

d καὶ πορεύεται,

e καὶ ἄλλῳ· ἔρχου,

f καὶ ἔρχεται,

g καὶ τῷ δούλῳ μου· ποίησον τοῦτο,

h καὶ ποιεῖ.

9a ἀκούσας δὲ ὁ Ἰησοῦς ἐθαύμασεν

b καὶ εἶπεν τοῖς ἀκολουθοῦσιν·

c λέγω ὑμῖν, οὐδὲ ἐν τῷ Ἰσραὴλ τοσαύτην πίστιν εὗρον.

?10? <..>

Q 7,18-19.22-23

18   .. ⟦ὁ⟧ .. Ἰωάννη ... ⟦⟧ ...

19a   .. πέμψ... διὰ τῶν μαθητῶν αὐτοῦ ... αὐτῷ·

b   σὺ εἶ ὁ ἐρχόμενος ἢ ...ον προσδοκῶμεν;

22a   καὶ ἀποκριθεὶς ⟦⟧ εἶπεν αὐτοῖς·

b   πορευθέντες ἀπαγγείλατε Ἰωάννῃ ἃ ἀκούετε καὶ βλέπετε·

c   τυφλοὶ ἀναβλέπουσιν καὶ χωλοὶ περιπατοῦσιν,

d   λεπροὶ καθαρίζονται καὶ κωφοὶ ἀκούουσιν,

e   καὶ νεκροὶ ἐγείρονται καὶ πτωχοὶ εὐαγγελίζονται·

23   καὶ μακάριός ἐστιν ὃς ἐὰν μὴ σκανδαλισθῇ ἐν ἐμοί.

Q 7,24-28

24a   τούτων δὲ ἀπελθόντων ἤρξατο λέγειν τοῖς ὄχλοις περὶ Ἰωάννου·

b   τί ἐξήλθατε εἰς τὴν ἔρημον θεάσασθαι;

c   κάλαμον ὑπὸ ἀνέμου σαλευόμενον;

25a   ἀλλὰ τί ἐξήλθατε ἰδεῖν;

b   ἄνθρωπον ἐν μαλακοῖς ἠμφιεσμένον;

c   ἰδοὺ οἱ τὰ μαλακὰ φοροῦντες

d   ἐν τοῖς οἴκοις τῶν βασιλέων εἰσίν.

26a   ἀλλὰ τί ἐξήλθατε;

b   προφήτην / ἰδεῖν;

c   ναὶ λέγω ὑμῖν, καὶ περισσότερον προφήτου.

27a   οὗτός ἐστιν περὶ οὗ γέγραπται·

b   ἰδοὺ ⟦⟧ ἀποστέλλω τὸν ἄγγελόν μου πρὸ προσώπου σου,

c   ὃς κατασκευάσει τὴν ὁδόν σου ἔμπροσθέν σου.

28a   ⟦⟧ λέγω ὑμῖν·

b   οὐκ ἐγήγερται ἐν γεννητοῖς γυναικῶν μείζων Ἰωάννου·

c   ὁ δὲ μικρότερος ἐν τῇ βασιλείᾳ τοῦ θεοῦ μείζων αὐτοῦ ἐστιν.

Q 7,?29-30?

    ..

Q 7,18-19.22-23

18a .. ὁ .. Ἰωάννη ς ⟦ἀκούσας περὶ πάντων τούτων⟧
19a πέμψ ⟦ας⟧ διὰ τῶν μαθητῶν αὐτοῦ ¹⁹ ⟦εἶπεν⟧ αὐτῷ·
   b   σὺ εἶ ὁ ἐρχόμενος ἢ ⟦ἕτερ⟧ ον προσδοκῶμεν;
22a καὶ ἀποκριθεὶς εἶπεν αὐτοῖς·
   b   πορευθέντες ἀπαγγείλατε Ἰωάννῃ ἃ ἀκούετε καὶ βλέπετε·
   c   τυφλοὶ ἀναβλέπουσιν καὶ χωλοὶ περιπατοῦσιν,
   d   λεπροὶ καθαρίζονται καὶ κωφοὶ ἀκούουσιν,
   e   καὶ νεκροὶ ἐγείρονται καὶ πτωχοὶ εὐαγγελίζονται·
23   καὶ μακάριός ἐστιν ὃς ἐὰν μὴ σκανδαλισθῇ ἐν ἐμοί.

Q 7,24-28

24a τούτων δὲ ἀπελθόντων ἤρξατο λέγειν τοῖς ὄχλοις περὶ Ἰωάννου·
   b   τί ἐξήλθατε εἰς τὴν ἔρημον θεάσασθαι;
   c   κάλαμον ὑπὸ ἀνέμου σαλευόμενον;
25a ἀλλὰ τί ἐξήλθατε ἰδεῖν;
   b   ἄνθρωπον ἐν μαλακοῖς ἠμφιεσμένον;
   c   ἰδοὺ οἱ τὰ μαλακὰ φοροῦντες
   d   ἐν τοῖς οἴκοις τῶν βασιλέων εἰσίν.
26a ἀλλὰ τί ἐξήλθατε ἰδεῖν; /
   b   προφήτην;
   c   ναὶ λέγω ὑμῖν, καὶ περισσότερον προφήτου.
27a οὗτός ἐστιν περὶ οὗ γέγραπται·
   b   ἰδοὺ ⟦ἐγὼ⟧ ἀποστέλλω τὸν ἄγγελόν μου πρὸ προσώπου σου,
   c   ὃς κατασκευάσει τὴν ὁδόν σου ἔμπροσθέν σου.
28a λέγω ὑμῖν·
   b   οὐκ ἐγήγερται ἐν γεννητοῖς γυναικῶν μείζων Ἰωάννου·
   c   ὁ δὲ μικρότερος ἐν τῇ βασιλείᾳ τοῦ θεοῦ μείζων αὐτοῦ ἐστιν.

Q 7,⟦29-30⟧

29 ⟦«ἦλθεν γὰρ Ἰωάννης πρὸς ὑμᾶς» ..
    οἱ .. τελῶναι καὶ ... ἐ... σαν ...⟧
30 ⟦.. δὲ ... αὐτ... .⟧

Q 7,31-35

31a τίνι .. ὁμοιώσω τὴν γενεὰν ταύτην
  b καὶ τίνι ἐ<στ>ὶν ὁμοί<α>;
32a ὁμοία ἐστὶν παιδίοις καθημένοις ἐν ἀγορ...
  b   ἃ προσφωνοῦντα ...οις λέγουσιν·
  c   ηὐλήσαμεν ὑμῖν καὶ οὐκ ὠρχήσασθε,
  d   ἐθρηνήσαμεν καὶ οὐκ ἐ...ε .
33a 〚ἦλ〛θεν γὰρ Ἰωάννης μὴ ἐσθίων μήτε πίνων,
  b   καὶ λέγετε· δαιμόνιον ἔχει.
34a 〚ἦλ〛θεν ὁ υἱὸς τοῦ ἀνθρώπου ἐσθίων καὶ πίνων,
  b   καὶ λέγετε· ἰδοὺ ἄνθρωπος φάγος καὶ οἰνοπότης,
  c   τελωνῶν φίλος καὶ ἁμαρτωλῶν.
35   καὶ ἐδικαιώθη ἡ σοφία ἀπὸ τῶν τέκνων αὐτῆς.

Q 9,57-60

57a καὶ εἶπέν τις αὐτῷ·
  b   〚〛ἀκολουθήσω σοι ὅπου ἐὰν ἀπέρχῃ.
58a καὶ 〚εἶπεν〛 αὐτῷ ὁ Ἰησοῦς·
  b   αἱ ἀλώπεκες φωλεοὺς ἔχουσιν
  c   καὶ τὰ πετεινὰ τοῦ οὐρανοῦ κατασκηνώσεις,
  d   ὁ δὲ υἱὸς τοῦ ἀνθρώπου οὐκ ἔχει ποῦ τὴν κεφαλὴν κλίνῃ.
59a 〚〛ἕτερο〚ς〛 〚〛δὲ εἶπεν αὐτῷ·
  b   κύριε, ἐπίτρεψόν μοι
  c   πρῶτον ἀπελθεῖν καὶ θάψαι τὸν πατέρα μου.
60a 〚εἶπεν〛 δὲ αὐτῷ·
  b   ἀκολούθει μοι
  c   〚καὶ〛 ἄφες τοὺς νεκροὺς θάψαι τοὺς ἑαυτῶν νεκρούς.

Q 7,31-35

31a τίνι .. ὁμοιώσω τὴν γενεὰν ταύτην
  b καὶ τίνι ἐ<στ>ὶν ὁμοί<α>;
32a ὁμοία ἐστὶν παιδίοις καθημένοις ἐν ⟦ταῖς⟧ ἀγορ⟦αῖς⟧
  b   ἃ προσφωνοῦντα ⟦τοῖς ἑτέρ⟧οις λέγουσιν·
  c   ηὐλήσαμεν ὑμῖν καὶ οὐκ ὠρχήσασθε,
  d   ἐθρηνήσαμεν καὶ οὐκ ἐκλαύσατε .
33a ἦλθεν γὰρ Ἰωάννης μὴ .. ἐσθίων μήτε πίνων,
  b   καὶ λέγετε· δαιμόνιον ἔχει.
34a ἦλθεν ὁ υἱὸς τοῦ ἀνθρώπου ἐσθίων καὶ πίνων,
  b   καὶ λέγετε· ἰδοὺ ἄνθρωπος φάγος καὶ οἰνοπότης,
  c   τελωνῶν φίλος καὶ ἁμαρτωλῶν.
35   καὶ ἐδικαιώθη ἡ σοφία ἀπὸ τῶν τέκνων αὐτῆς.

Q 9,57-60

57a καὶ εἶπέν τις αὐτῷ·
  b   ἀκολουθήσω σοι ὅπου ἐὰν ἀπέρχῃ.
58a καὶ εἶπεν αὐτῷ ὁ Ἰησοῦς·
  b   αἱ ἀλώπεκες φωλεοὺς ἔχουσιν
  c   καὶ τὰ πετεινὰ τοῦ οὐρανοῦ κατασκηνώσεις,
  d   ὁ δὲ υἱὸς τοῦ ἀνθρώπου οὐκ ἔχει ποῦ τὴν κεφαλὴν κλίνῃ.
59a ἕτερος δὲ εἶπεν αὐτῷ·
  b   κύριε, ἐπίτρεψόν μοι
  c   πρῶτον ἀπελθεῖν καὶ θάψαι τὸν πατέρα μου.
60a εἶπεν δὲ αὐτῷ·
  b   ἀκολούθει μοι
  c   καὶ ἄφες τοὺς νεκροὺς θάψαι τοὺς ἑαυτῶν νεκρούς.

Q 10,2-16

2a <..>〚<εἶπεν>〛 .. ˙
 b   ὁ μὲν θερισμὸς πολύς, οἱ δὲ ἐργάται ὀλίγοι·
 c   δεήθητε οὖν τοῦ κυρίου τοῦ θερισμοῦ
 d   ὅπως ἐκβάλῃ ἐργάτας εἰς τὸν θερισμὸν αὐτοῦ.
3   〚 ὑπάγετε· 〛 ἰδοὺ ἀποστέλλω ὑμᾶς ὡς ... ἐν μέσῳ λύκων.
4a μὴ 〚 βαστάζετ 〛 ε 〚ἀργύρ..ον ,
 b   μὴ πήραν 〛, μὴ .. ὑποδήματα, 〚 μηδὲ ῥάβδον, 〛
 c   .. 〚 μηδένα 〛 .. 〚 ἀσπάσησθε 〛 .
5a εἰς ἣν δ᾿ ἂν εἰσέλθητε οἰκίαν,
 b   〚 λέγετε· εἰρήνη 〛 ..
6a καὶ ἐὰν ἐκεῖ ᾖ υἱὸς εἰρήνης,
 b   〚 ἐλθάτω 〛 ἐπ᾿ αὐτὸν / ἡ εἰρήνη ὑμῶν·
 c   ε〚ἰ〛 δὲ μὴ 〚〛,
 d   ... ὑμᾶς 〚ἐπιστραφήτω〛.
〚7〛a 〚...
 b 〚 τὰ παρ᾿ αὐτῶν· 〛
 c   ἄξιος γὰρ ὁ ἐργάτης τοῦ μισθοῦ αὐτοῦ.
 d   ...
〚8〛a εἰς ἣν ... ἂν πόλιν εἰσέρχ...
 b   .. 〛
9a .. θεραπεύετε 〚τοὺς ἐν αὐτῇ 〛 ἀσθενοῦντας
 b καὶ λέγετε 〚αὐτοῖς〛·
 c   〚〛 ἤγγικεν ἐφ᾿ ὑμᾶς ἡ βασιλεία τοῦ θεοῦ.
10a 〚 εἰς ἣν δ᾿ 〛 ἂν 〚 πόλιν εἰσέλθητε καὶ 〛 μὴ δέχωνται ὑμᾶς,
 b   ἐξερχόμενοι 〚 ἔξω〛 〚 τῆς πόλεως ἐκείν 〛 ης·
11   ἐκτινάξατε τὸν κονιορτὸν τῶν ποδῶν ὑμῶν.
12a λέγω ὑμῖν 〚ὅτι〛
 b   Σοδόμοις ἐν 〚τῇ〛 ἡμέρᾳ .. /
 c   ἀνεκτότερον ἔσται ἢ τῇ πόλει ἐκείνῃ.
13a οὐαί σοι, Χοραζίν· οὐαί σοι, Βηθσαϊδά·
 b   ὅτι εἰ ἐν Τύρῳ καὶ Σιδῶνι
 c   ἐγενήθησαν αἱ δυνάμεις αἱ γενόμεναι ἐν ὑμῖν,
 d   πάλαι ἂν ἐν σάκκῳ καὶ σποδῷ 〚〛 μετενόησαν.
14   πλὴν Τύρῳ καὶ Σιδῶνι ἀνεκτότερον ἔσται ἐν τῇ κρίσει ἢ ὑμῖν.
15a καὶ σύ, Καφαρναούμ, μὴ ἕως οὐρανοῦ ὑψωθήσῃ;
 b   ἕως 〚 τοῦ 〛 ᾅδου καταβήσῃ.
16a ὁ δεχόμενος ὑμᾶς ἐμὲ δέχεται,
 b 〚καὶ〛 ὁ ἐμὲ δεχόμενος δέχεται τὸν ἀποστείλαντά με.

Q 10,2-16

2a   ..λεγε... τοῖς μαθηταῖς αὐτοῦ ·
 b   ὁ μὲν θερισμὸς πολύς, οἱ δὲ ἐργάται ὀλίγοι·
 c   δεήθητε οὖν τοῦ κυρίου τοῦ θερισμοῦ
 d   ὅπως ἐκβάλῃ ἐργάτας εἰς τὸν θερισμὸν αὐτοῦ.
3   ὑπάγετε· ἰδοὺ ἀποστέλλω ὑμᾶς ὡς πρόβατα ἐν μέσῳ λύκων.
4a   μὴ βαστάζετε 〚βαλλάντιον〛 ,
 b   μὴ πήραν, μὴ ὑποδήματα, μηδὲ ῥάβδον·
 c   καὶ μηδένα κατὰ τὴν ὁδὸν ἀσπάσησθε.
5a   εἰς ἣν δ᾽ ἂν εἰσέλθητε οἰκίαν,
 b   〚πρῶτον〛 λέγετε· εἰρήνη 〚τῷ οἴκῳ τούτῳ〛 .
6a   καὶ ἐὰν μὲν ἐκεῖ ᾖ υἱὸς εἰρήνης,
 b   ἐλθάτω ἡ εἰρήνη ὑμῶν ἐπ᾽ αὐτόν·
 c   ε⟦ἰ⟧ δὲ μή,
 d   ἡ εἰρήνη ὑμῶν 〚ἐφ᾽〛 ὑμᾶς 〚ἐπιστραφήτω〛.
7a   〚ἐν αὐτῇ δὲ τῇ οἰκίᾳ〛 μέν⟦ε⟧τε
 b   «ἐσθίοντες καὶ πίνοντες τὰ παρ᾽ αὐτῶν»·
 c   ἄξιος γὰρ ὁ ἐργάτης τοῦ μισθοῦ αὐτοῦ.
 d   〚μὴ μεταβαίνετε ἐξ οἰκίας εἰς οἰκίαν.〛
8a   καὶ εἰς ἣν ἂν πόλιν εἰσ⟦ ἔρχ ησθε⟧ καὶ δέχωνται ὑμᾶς,
 b   〚«ἐσθίετε τὰ παρατιθέμενα ὑμῖν»〛 .
9a   καὶ θεραπεύετε τοὺς ἐν αὐτῇ ἀσθεν⟦ οῦντας 〛
 b   καὶ λέγετε 〚αὐτοῖς〛·
 c   .. ἤγγικεν ἐφ᾽ ὑμᾶς ἡ βασιλεία τοῦ θεοῦ.
10a εἰς ἣν δ᾽ ἂν πόλιν εἰσέλθητε καὶ μὴ δέχωνται ὑμᾶς,
 b   ἐξε⟦ ρχόμενοι ἔξω⟧ τ⟦ ῆς πόλεως ἐκείνης〛   read ἐξ⟦
11   ἐκτινάξατε τὸν κονιορτὸν τῶν ποδῶν ὑμῶν.
12a λέγω ὑμῖν 〚ὅτι〛
 b   Σοδόμοις ἀνεκτότερον ἔσται / ἐν τῇ ἡμέρᾳ ἐκείνῃ
 c   ἢ τῇ πόλει ἐκείνῃ.
13a οὐαί σοι, Χοραζίν· οὐαί σοι, Βηθσαϊδά·
 b   ὅτι εἰ ἐν Τύρῳ καὶ Σιδῶνι
 c   ἐγενήθησαν αἱ δυνάμεις αἱ γενόμεναι ἐν ὑμῖν,
 d   πάλαι ἂν ἐν σάκκῳ καὶ σποδῷ μετενόησαν.
14   πλὴν Τύρῳ καὶ Σιδῶνι ἀνεκτότερον ἔσται ἐν τῇ κρίσει ἢ ὑμῖν.
15a καὶ σύ, Καφαρναούμ, μὴ ἕως οὐρανοῦ ὑψωθήσῃ;
 b   ἕως τοῦ ᾅδου καταβήσῃ.
16a ὁ δεχόμενος ὑμᾶς ἐμὲ δέχεται,
 b   〚καὶ〛 ὁ ἐμὲ δεχόμενος δέχεται τὸν ἀποστείλαντά με.

Q 10,21-24

21a ἐν < ... > εἶπεν·
 b   ἐξομολογοῦμαί σοι, πάτερ, κύριε τοῦ οὐρανοῦ καὶ τῆς γῆς,
 c   ὅτι ἔκρυψας ταῦτα ἀπὸ σοφῶν καὶ συνετῶν
 d   καὶ ἀπεκάλυψας αὐτὰ νηπίοις·
 e ναὶ ὁ πατήρ, ὅτι οὕτως εὐδοκία ἐγένετο ἔμπροσθέν σου.
22a πάντα μοι παρεδόθη ὑπὸ τοῦ πατρός μου,
 b   καὶ οὐδεὶς γινώσκει τὸν υἱὸν εἰ μὴ ὁ πατήρ,
 c   〚 οὐδὲ 〛 τὸν πατέρα .. εἰ μὴ ὁ υἱὸς
 d   καὶ ᾧ ἐὰν βούληται ὁ υἱὸς ἀποκαλύψαι.
23 μακάριοι οἱ ὀφθαλμοὶ οἱ βλέποντες ἃ βλέπετε.
24a ἀμὴν γὰρ / λέγω ὑμῖν ὅτι
 b   πολλοὶ προφῆται καὶ βασιλεῖς 〚ἐπεθύμ〛 ησαν
 c   ἰδεῖν ἃ ὑμεῖς βλέπετε καὶ οὐκ εἶδαν,
 d   καὶ ἀκοῦσαι ἃ ἀκούετε καὶ οὐκ ἤκουσαν.

Q 11,2-4

2a <...> προσεύχ ε σθε·
 b   πάτερ,
 c   ἁγιασθήτω τὸ ὄνομά σου·
 d   ἐλθέτω ἡ βασιλεία σου·
3   τὸν ἄρτον ἡμῶν τὸν ἐπιούσιον δὸς ἡμῖν σήμερον·
4a   καὶ ἄφες ἡμῖν τὰ ὀφειλήματα ἡμῶν,
 b   ὡς καὶ ἡμεῖς ἀφήκαμεν τοῖς ὀφειλέταις ἡμῶν·
 c   καὶ μὴ εἰσενέγκῃς ἡμᾶς εἰς πειρασμόν.

Q 11,9-13

9a λέγω ὑμῖν,
 b αἰτεῖτε καὶ δοθήσεται ὑμῖν,
 c ζητεῖτε καὶ εὑρήσετε,
 d κρούετε καὶ ἀνοιγήσεται ὑμῖν·
10a   πᾶς γὰρ ὁ αἰτῶν λαμβάνει
 b   καὶ ὁ ζητῶν εὑρίσκει
 c   καὶ τῷ κρούοντι ἀνοιγήσεται.

Q 10,21-24

21a ἐν … εἶπεν·
  b   ἐξομολογοῦμαί σοι, πάτερ, κύριε τοῦ οὐρανοῦ καὶ τῆς γῆς,
  c   ὅτι ἔκρυψας ταῦτα ἀπὸ σοφῶν καὶ συνετῶν
  d   καὶ ἀπεκάλυψας αὐτὰ νηπίοις·
  e   ναὶ ὁ πατήρ, ὅτι οὕτως εὐδοκία ἐγένετο ἔμπροσθέν σου.
22a πάντα μοι παρεδόθη ὑπὸ τοῦ πατρός μου,
  b   καὶ οὐδεὶς γινώσκει τὸν υἱὸν εἰ μὴ ὁ πατήρ,
  c   οὐδὲ τὸν πατέρα ⟦τις γινώσκει⟧ εἰ μὴ ὁ υἱὸς
  d   καὶ ᾧ ἐὰν βούληται ὁ υἱὸς ἀποκαλύψαι.
23 μακάριοι οἱ ὀφθαλμοὶ οἱ βλέποντες ἃ βλέπετε .. .
24a λέγω / γὰρ ὑμῖν ὅτι
  b   πολλοὶ προφῆται καὶ βασιλεῖς …ησαν
  c   ἰδεῖν ἃ βλέπετε καὶ οὐκ εἶδαν,
  d   καὶ ἀκοῦσαι ἃ ἀκούετε καὶ οὐκ ἤκουσαν.

Q 11,2b-4

2a ⟦ὅταν⟧ προσεύχ ⟦η⟧ σθε ⟦λέγετε⟧ ·
  b πάτερ,
  c ἁγιασθήτω τὸ ὄνομά σου·
  d ἐλθέτω ἡ βασιλεία σου·
3 τὸν ἄρτον ἡμῶν τὸν ἐπιούσιον δὸς ἡμῖν σήμερον·
4a καὶ ἄφες ἡμῖν τὰ ὀφειλήματα ἡμῶν,
  b   ὡς καὶ ἡμεῖς ἀφήκαμεν τοῖς ὀφειλέταις ἡμῶν·
  c καὶ μὴ εἰσενέγκῃς ἡμᾶς εἰς πειρασμόν.

Q 11,9-13

9a λέγω ὑμῖν,
  b αἰτεῖτε καὶ δοθήσεται ὑμῖν,
  c ζητεῖτε καὶ εὑρήσετε,
  d κρούετε καὶ ἀνοιγήσεται ὑμῖν·
10a πᾶς γὰρ ὁ αἰτῶν λαμβάνει
  b καὶ ὁ ζητῶν εὑρίσκει
  c καὶ τῷ κρούοντι ἀνοιγήσεται.

11a .. τίς ἐστιν ἐξ ὑμῶν ἄνθρωπος, ὃν αἰτήσει ὁ υἱὸς αὐτοῦ ἄρτον,

b   μὴ λίθον ἐπιδώσει αὐτῷ;

12a ἢ καὶ ἰχθὺν αἰτήσει,

b   μὴ ὄφιν ἐπιδώσει αὐτῷ;

13a εἰ οὖν ὑμεῖς πονηροὶ ὄντες

b   οἴδατε δόματα ἀγαθὰ διδόναι τοῖς τέκνοις ὑμῶν,

c πόσῳ μᾶλλον ὁ πατὴρ [[ὁ]] ἐξ οὐρανοῦ

d   δώσει ἀγαθὰ τοῖς αἰτοῦσιν αὐτόν.

Q 11,14-23

14a καὶ ἐ[[<ξέ>]]βαλ[[<ε>]]ν δαιμόνι [[ον]] κωφόν.

b καὶ ἐκβληθέντος τοῦ δαιμονίου ἐλάλησεν ὁ κωφὸς

c   καὶ ἐθαύμασαν οἱ ὄχλοι.

15a τινὲς δὲ [[]] εἶπον·

b   ἐν Βεελζεβοὺλ τῷ ἄρχοντι τῶν δαιμονίων

c   ἐκβάλλει τὰ δαιμόνια.

[[16]][[ἕτεροι δὲ [[]] σημεῖον ἐξ οὐρανοῦ / ἐζήτουν [[]] .]]

17a εἰδὼς δὲ αὐτῶν / τὰ διανοήματα εἶπεν αὐτοῖς·

b   πᾶσα βασιλεία ἐφ' ἑαυτ ὴν / μερισθεῖσα ἐρημοῦται

c   καὶ οἰκ [[ία μερισθεῖσα καθ' ἑαυτῆς οὐ σταθήσεται]] .

18a καὶ εἰ ὁ σατανᾶς ἐφ' ἑαυτὸν ἐμερίσθη,

b   πῶς σταθήσεται ἡ βασιλεία αὐτοῦ;

c   ὅτι λέγετε ἐν Βεελζεβοὺλ ἐκβάλλειν με τὰ δαιμόνια .

19a καὶ εἰ ἐγὼ ἐν Βεελζεβοὺλ ἐκβάλλω τὰ δαιμόνια,

b   οἱ υἱοὶ ὑμῶν ἐν τίνι ἐκβάλλουσιν;

c   διὰ τοῦτο αὐτοὶ ὑμῶν / κριταὶ ἔσονται.

20a εἰ δὲ ἐν δακτύλῳ θεοῦ ἐγὼ ἐκβάλλω τὰ δαιμόνια,

b   ἄρα ἔφθασεν ἐφ' ὑμᾶς ἡ βασιλεία τοῦ θεοῦ.

[[«21-22»]]

21a [[«ὅταν ὁ ἰσχυρὸς καθωπλισμένος φυλάσσῃ τὴν ἑαυτοῦ αὐλήν,

b   ἐν εἰρήνῃ ἐστὶν τὰ ὑπάρχοντα αὐτοῦ·»

22a «ἐπὰν δὲ ἰσχυρότερος αὐτοῦ νικήσῃ αὐτόν,

b   τὴν πανοπλίαν αὐτοῦ αἴρει ἐφ' ᾗ ἐπεποίθει

c   καὶ τὰ σκῦλα αὐτοῦ...»]]

23a ὁ μὴ ὢν μετ' ἐμοῦ κατ' ἐμοῦ ἐστιν,

b καὶ ὁ μὴ συνάγων μετ' ἐμοῦ σκορπίζει.

11a .. τίς ἐστιν ἐξ ὑμῶν ἄνθρωπος, ὃν αἰτήσει ὁ υἱὸς αὐτοῦ ἄρτον,

b   μὴ λίθον ἐπιδώσει αὐτῷ;

12a   ἢ καὶ ἰχθὺν αἰτήσει,

b   μὴ ὄφιν ἐπιδώσει αὐτῷ;

13a εἰ οὖν ὑμεῖς πονηροὶ ὄντες

b   οἴδατε δόματα ἀγαθὰ διδόναι τοῖς τέκνοις ὑμῶν,

c   πόσῳ μᾶλλον ὁ πατὴρ ἐξ οὐρανοῦ

d   δώσει ἀγαθὰ τοῖς αἰτοῦσιν αὐτόν.

Q 11,14-23

14a καὶ ἐ⟦<ξέ>⟧βαλ⟦<εν>⟧ δαιμόνιον κωφόν·

b καὶ ἐκβληθέντος τοῦ δαιμονίου ἐλάλησεν ὁ κωφὸς

c   καὶ ἐθαύμασαν οἱ ὄχλοι.

15a τινὲς δὲ εἶπον·

b   ἐν Βεελζεβοὺλ τῷ ἄρχοντι τῶν δαιμονίων

c   ἐκβάλλει τὰ δαιμόνια.

16   τινὲς ⟦ δὲ ⟧ .. ἐζήτουν / παρ᾽ αὐτοῦ σημεῖον.   Before 11,29

17a εἰδὼς δὲ τὰ διανοήματα / αὐτῶν εἶπεν αὐτοῖς·

b   πᾶσα βασιλεία μερισθεῖσα ⟦καθ᾽⟧ ἑαυτ ἦ⟦ς⟧ ἐρημοῦται

c   καὶ πᾶσα οἰκία μερισθεῖσα καθ᾽ ἑαυτῆς οὐ σταθήσεται.

18a   καὶ εἰ ὁ σατανᾶς ἐφ᾽ ἑαυτὸν ἐμερίσθη,

b   πῶς σταθήσεται ἡ βασιλεία αὐτοῦ;

c

19a   καὶ εἰ ἐγὼ ἐν Βεελζεβοὺλ ἐκβάλλω τὰ δαιμόνια,

b   οἱ υἱοὶ ὑμῶν ἐν τίνι ἐκβάλλουσιν;

c   διὰ τοῦτο αὐτοὶ κριταὶ ἔσονται / ὑμῶν.

20a   εἰ δὲ ἐν δακτύλῳ θεοῦ ἐγὼ ἐκβάλλω τὰ δαιμόνια,

b   ἄρα ἔφθασεν ἐφ᾽ ὑμᾶς ἡ βασιλεία τοῦ θεοῦ.

⟦21-22⟧

        ⟦< >⟧

23a ὁ μὴ ὢν μετ᾽ ἐμοῦ κατ᾽ ἐμοῦ ἐστιν,

b καὶ ὁ μὴ συνάγων μετ᾽ ἐμοῦ σκορπίζει.

Q 11,24-26

24a ὅταν τὸ ἀκάθαρτον πνεῦμα ἐξέλθῃ ἀπὸ τοῦ ἀνθρώπου,
  b   διέρχεται δι᾽ ἀνύδρων τόπων
  c   ζητοῦν ἀνάπαυσιν καὶ οὐχ εὑρίσκει.
  d ⟦τότε⟧ λέγει· εἰς τὸν οἶκόν μου ἐπιστρέψω ὅθεν ἐξῆλθον·
25 καὶ ἐλθὸν εὑρίσκει σεσαρωμένον καὶ κεκοσμημένον.
26a τότε πορεύεται καὶ παραλαμβάνει μεθ᾽ ἑαυτοῦ
  b   ἑπτὰ ἕτερα πνεύματα πονηρότερα ἑαυτοῦ
  c   καὶ εἰσελθόντα κατοικεῖ ἐκεῖ·
  d καὶ γίνεται τὰ ἔσχατα τοῦ ἀνθρώπου ἐκείνου
  e   χείρονα τῶν πρώτων.

Q 11,?27-28?

  ..

Q 11,24-26

24a ὅταν τὸ ἀκάθαρτον πνεῦμα ἐξέλθῃ ἀπὸ τοῦ ἀνθρώπου,
 b   διέρχεται δι᾽ ἀνύδρων τόπων
 c   ζητοῦν ἀνάπαυσιν καὶ οὐχ εὑρίσκει.
 d ⟦τότε⟧ λέγει· εἰς τὸν οἶκόν μου ἐπιστρέψω ὅθεν ἐξῆλθον·
25   καὶ ἐλθὸν εὑρίσκει σεσαρωμένον καὶ κεκοσμημένον.
26a τότε πορεύεται καὶ παραλαμβάνει μεθ᾽ ἑαυτοῦ
 b   ἑπτὰ ἕτερα πνεύματα πονηρότερα ἑαυτοῦ
 c   καὶ εἰσελθόντα κατοικεῖ ἐκεῖ·
 d καὶ γίνεται τὰ ἔσχατα τοῦ ἀνθρώπου ἐκείνου
 e   χείρονα τῶν πρώτων.

Q 11,?27-28?

 ..

Q 11,29-32

[16] [ἕτεροι δὲ [] σημεῖον ἐξ οὐρανοῦ / ἐζήτουν [] .]
29a [[ὁ]] δὲ [[εἶπεν]]·
  b   ἡ γενεὰ αὕτη γενεὰ πονηρά ἐστιν·
  c   σημεῖον ζητεῖ,
  d   καὶ σημεῖον οὐ δοθήσεται αὐτῇ εἰ μὴ τὸ σημεῖον Ἰωνᾶ.
30a .. ως .. γὰρ ἐγένετο Ἰωνᾶς τοῖς Νινευίταις σημεῖον,
  b   οὕτως ἔσται [[καὶ]] ὁ υἱὸς τοῦ ἀνθρώπου τῇ γενεᾷ ταύτῃ.

31a βασίλισσα νότου ἐγερθήσεται ἐν τῇ κρίσει
  b   μετὰ τῆς γενεᾶς ταύτης καὶ κατακρινεῖ αὐτήν,
  c   ὅτι ἦλθεν ἐκ τῶν περάτων τῆς γῆς
  d   ἀκοῦσαι τὴν σοφίαν Σολομῶνος,
  d   καὶ ἰδοὺ πλεῖον Σολομῶνος ὧδε.
32a ἄνδρες Νινευῖται ἀναστήσονται ἐν τῇ κρίσει
  b   μετὰ τῆς γενεᾶς ταύτης καὶ κατακρινοῦσιν αὐτήν·
  c   ὅτι μετενόησαν εἰς τὸ κήρυγμα Ἰωνᾶ,
  d   καὶ ἰδοὺ πλεῖον Ἰωνᾶ ὧδε.

Q 11,33.34-35

33a οὐδεὶς καί<ει> λύχνον καὶ τίθησιν αὐτὸν ὑπὸ τὸν μόδιον
  b   ἀλλ᾽ ἐπὶ τὴν λυχνίαν,
  c   ... .
34a ὁ λύχνος τοῦ σώματός ἐστιν ὁ ὀφθαλμός.
  b   ὅτ αν ὁ ὀφθαλμός σου ἁπλοῦς ᾖ,
  c   ὅλον τὸ σῶμά σου φωτεινόν ἐστ[[ιν]]·
  d   ἐπ ὰν δὲ ὁ ὀφθαλμός σου πονηρὸς ᾖ,
  e   ὅλον τὸ σῶμά σου σκοτεινόν [].
35a εἰ οὖν τὸ φῶς τὸ ἐν σοὶ σκότος ἐστίν,
  b   τὸ σκότος πόσον.
[36] []

Q 11,16.29-32

16 τινὲς ⟦δὲ⟧ .. ἐζήτουν / παρ᾽ αὐτοῦ σημεῖον.

29a ⟦ὁ⟧ δὲ .. ⟦εἶπεν⟧ .. ·

 b ἡ γενεὰ αὕτη γενεὰ πονηρά .. ἐστιν·

 c σημεῖον ζητεῖ,

 d καὶ σημεῖον οὐ δοθήσεται αὐτῇ εἰ μὴ τὸ σημεῖον Ἰωνᾶ.

30a ⟦καθ⟧ ὡς γὰρ ἐγένετο Ἰωνᾶς τοῖς Νινευίταις σημεῖον,

 b οὕτως ἔσται ⟦καὶ⟧ ὁ υἱὸς τοῦ ἀνθρώπου τῇ γενεᾷ ταύτῃ.

31a βασίλισσα νότου ἐγερθήσεται ἐν τῇ κρίσει

 b μετὰ τῆς γενεᾶς ταύτης καὶ κατακρινεῖ αὐτήν,

 c ὅτι ἦλθεν ἐκ τῶν περάτων τῆς γῆς

 d ἀκοῦσαι τὴν σοφίαν Σολομῶνος,

 d καὶ ἰδοὺ πλεῖον Σολομῶνος ὧδε.

32a ἄνδρες Νινευῖται ἀναστήσονται ἐν τῇ κρίσει

 b μετὰ τῆς γενεᾶς ταύτης καὶ κατακρινοῦσιν αὐτήν,

 c ὅτι μετενόησαν εἰς τὸ κήρυγμα Ἰωνᾶ,

 d καὶ ἰδοὺ πλεῖον Ἰωνᾶ ὧδε.

Q 11,33.34-35

33a οὐδεὶς καί⟨ει⟩ λύχνον καὶ τίθησιν αὐτὸν ⟦εἰς κρύπτην⟧

 b ἀλλ᾽ ἐπὶ τὴν λυχνίαν,

 c ⟦καὶ λάμπει πᾶσιν τοῖς ἐν τῇ οἰκίᾳ⟧.

34a ὁ λύχνος τοῦ σώματός ἐστιν ὁ ὀφθαλμός.

 b ... αν ὁ ὀφθαλμός σου ἁπλοῦς ᾖ,

 c ὅλον τὸ σῶμά σου φωτεινόν ἐστ⟦ιν⟧·

 d ... ἂν δὲ ὁ ὀφθαλμός σου πονηρὸς ᾖ,

 e ὅλον τὸ σῶμά σου σκοτεινόν.

35a εἰ οὖν τὸ φῶς τὸ ἐν σοὶ σκότος ἐστίν,

 b τὸ σκότος πόσον.

Q 11,39-52

39a ὁ δὲ ε⟦ἶπ⟧εν ⟦⟧·

42a ἀλλὰ οὐαὶ ὑμῖν τοῖς Φαρισαίοις,

b ὅτι ἀποδεκατοῦτε τὸ ἡδύοσμον καὶ τὸ ⟦ ἄνηϑ ⟧ ον καὶ ⟦ τὸ κύμι ⟧ νον

c καὶ παρέρχεσϑε τὴν κρίσιν καὶ τὴν ἀγάπην τοῦ ϑεοῦ ·

d ταῦτα δὲ ἔδει ποιῆσαι κἀκεῖνα μὴ παρεῖναι .

39b οὐαὶ ὑμῖν ⟨τ⟩οῖ⟨ς⟩ Φαρισαίοι⟨ς⟩,

c ὅτι καϑαρίζετε τὸ ἔξωϑεν τοῦ ποτηρίου καὶ τῆς παροψίδος,

d τὸ δὲ / ἔσωϑεν γέμ ει ἐξ ἁρπαγῆς καὶ ἀκρασίας.

40a … οὐχ ὁ ποιήσας τὸ ἔξωϑεν

b καὶ τὸ ἔσωϑεν ἐποίησεν;

41 ⟨..⟩

43a οὐαὶ ὑμῖν τοῖς Φαρισαίοις,

b ὅτι ⟦ φιλ⟨εῖ⟩ τε ⟧

c τὴν πρωτοκαϑεδρίαν ἐν ταῖς συναγωγαῖς

d καὶ τοὺς ἀσπασμοὺς ἐν ταῖς ἀγοραῖς.

44a οὐαὶ ὑμῖν,

b ὅτι ⟦ἐσ⟧τὲ ⟦ὡς τὰ μνημεῖα τὰ ἄδηλα, ⟧

c καὶ οἱ ἄνϑρωποι οἱ περιπατοῦντες ἐπάνω οὐκ οἴδασιν.

46a οὐαὶ ὑμῖν ⟦ τοῖς ⟨Φαρισαί⟩οις ⟧ ,

b ὅτι ⟦φορτίζετε⟧ τ οὺς ἀνϑρώπ ους φορτία δυσβάστακτα ,

c

d καὶ αὐτοὶ ⟦⟧ τῷ⟦⟧ δακτύλῳ⟦⟧ ὑμῶν οὐ … αὐτά.

52a οὐαὶ ὑμῖν ⟦ τοῖς Φαρισαίοι⟨ς⟩⟧ ,　　　　　　　After 11,51

b ὅτι ⟦ἤρα⟧ τε τὴν κλεῖ⟦δα τῆς γνώσεως⟧ ⟦⟧·

c

d ⟦⟧ οὐκ εἰσ ⟦ ἤλϑατ ⟧ ε

e ⟦οὐδὲ⟧ τοὺς εἰσερχομένους ⟦ ἀφ ⟨ἥκα⟩⟧ τε ⟦ εἰσελϑεῖν ⟧ .

47a οὐαὶ ὑμῖν,

b ὅτι οἰκοδομεῖτε τὰ μνημεῖα τῶν προφητῶν,

c οἱ δὲ πατέρες ὑμῶν ἀπέκτειναν αὐτούς.

48a ⟦ἄρα⟧ μάρτυρ έ⟦ς⟧ ἐστε ⟧ καὶ …τε το… τῶν πατέρων ὑμῶν,

b ὅτι ⟦αὐτ⟧οὶ ⟦μὲν ἀπέκτειναν αὐ⟧τούς, ὑμεῖς ⟦δὲ οἰκοδομεῖτε⟧.

Q 11,39-52

39a ▓▓

42a οὐαὶ ὑμῖν ⟦ τοῖς ⟧ Φαρισαίοι⟦ς⟧,

 b ὅτι ἀποδεκατοῦτε τὸ ἡδύοσμον καὶ τὸ ἄνηθον καὶ τὸ κύμινον

 c καὶ ⟦ἀφήκατε⟧ τὴν κρίσιν καὶ τὸ ἔλεος καὶ τὴν πίστιν ·

 d ταῦτα δὲ ἔδει ποιῆσαι κἀκεῖνα μὴ ⟦ἀφιέ⟧ναι.

39b οὐαὶ ὑμῖν, ⟦ <τ>οῖ<ς> ⟧ Φαρισαίοι ⟦ <ς> ⟧,

 c ὅτι καθαρίζετε τὸ ἔξωθεν τοῦ ποτηρίου καὶ τῆς παροψίδος,

 d ἔσωθεν / δὲ γέμ⟦ουσιν⟧ ἐξ ἁρπαγῆς καὶ ἀκρασίας.

41a ⟦καθαρίσ<ατε>⟧ .. τὸ ἐντὸς τοῦ ποτηρίου,

 b .. καὶ .. τὸ ἐκτὸς αὐτοῦ καθαρόν .. .

43a οὐαὶ ὑμῖν τοῖς Φαρισαίοις,

 b ὅτι φιλ<εῖτε> ⟦τὴν πρωτοκλισίαν ἐν τοῖς δείπνοις

 c καὶ⟧ τὴν πρωτοκαθεδρίαν ἐν ταῖς συναγωγαῖς

 d καὶ τοὺς ἀσπασμοὺς ἐν ταῖς ἀγοραῖς.

44a οὐαὶ ὑμῖν, ⟦<τοῖς> Φαρισαίοι<ς>,⟧

 b ὅτι ⟦ἐσ⟧τὲ ⟦ὡς ⟧ τὰ μνημεῖα τὰ ἄδηλα,

 c καὶ οἱ ἄνθρωποι οἱ περιπατοῦντες ἐπάνω οὐκ οἴδασιν.

46a ⟦καὶ⟧ οὐαὶ ὑμῖν τοῖς ⟦νομικ⟧οῖς,

 b ὅτι ⟦δεσμεύ⟧<ετε> φορτία …

 c ⟦καὶ ἐπιτίθ⟧<ετε> ⟦ἐπὶ τοὺς ὤμους τῶν ἀνθρώπων ⟧,

 d αὐτοὶ ⟦δὲ⟧ τῷ δακτύλῳ ὑμῶν οὐ ⟦θέλ⟧<ετε> ⟦κινῆσαι⟧ αὐτά.

52a οὐαὶ ὑμῖν τοῖς ⟦νομικ⟧οῖς,

 b ὅτι κλείετε ⟦ τὴν βασιλείαν⟧ τ⟦<οῦ θεοῦ>

 c ἔμπροσθεν τῶν ἀνθρώπων⟧·

 d ὑμεῖς οὐκ εἰσήλθατε

 e ⟦οὐδὲ⟧ τοὺς εἰσερχομένους ἀφίετε εἰσελθεῖν.

47a οὐαὶ ὑμῖν,

 b ὅτι οἰκοδομεῖτε τὰ μνημεῖα τῶν προφητῶν,

 c οἱ δὲ πατέρες ὑμῶν ἀπέκτειναν αὐτούς.

48a … μάρτυρ⟦εῖτε ἑαυτοῖς ὅτι υἱοί⟧ ἐστε τῶν πατέρων ὑμῶν.

 b ..

49a διὰ τοῦτο καὶ ἡ σοφία .. εἶπεν·

b   ἀποστελῶ ... αὐτοὺς προφήτας καὶ ἀποστόλους ,

c   καὶ ἐξ αὐτῶν ἀποκτενοῦσιν καὶ διώξουσιν,

50a   ⟦ἵνα⟧ ἐκζητηθῇ τὸ αἷμα πάντων τῶν προφητῶν

b   τὸ ἐκκεχυμένον ἀπὸ καταβολῆς κόσμου

c   ἀπὸ τῆς γενεᾶς ταύτης,

51a   ἀπὸ ⟦⟧ αἵματος Ἅβελ ἕως ⟦⟧ αἵματος Ζαχαρίου

b   τοῦ ἀπολομένου μεταξὺ τοῦ θυσιαστηρίου καὶ τοῦ οἴκου·

c ναὶ λέγω ὑμῖν, ⟦ ἐκζητηθήσεται ἀπὸ ⟧ τῆ⟦ ς ⟧ γενεᾶ⟦ ς ⟧ ταύτη⟦ ς ⟧.

52a οὐαὶ ὑμῖν ⟦ τοῖς Φαρισαίοι⟨ς⟩⟧ ,

b   ὅτι ⟦ἤρα⟧ τε τὴν κλεῖ⟦δα τῆς γνώσεως⟧ ⟦⟧·

c

d   ⟦⟧ οὐκ εἰσ⟦ ἤλθατ ⟧ ε

e   ⟦οὐδὲ⟧ τοὺς εἰσερχομένους ⟦ ἀφ ⟨ήκα⟩⟧ τε ⟦ εἰσελθεῖν ⟧.

Q 12,2-12

2a οὐδὲν κεκαλυμμένον ἐστὶν ὃ οὐκ ἀποκαλυφθήσεται

b   καὶ κρυπτὸν ὃ οὐ γνωσθήσεται.

3a ὃ λέγω ὑμῖν ἐν τῇ σκοτίᾳ εἴπατε ἐν τῷ φωτί,

b   καὶ ὃ εἰς τὸ οὖς ἀκούετε κηρύξατε ἐπὶ τῶν δωμάτων.

4a καὶ μὴ φοβεῖσθε ἀπὸ τῶν ἀποκτε⟦ν⟧νόντων τὸ σῶμα,

b   ⟦ τὴν δὲ ψυχὴν ⟧ μὴ δυναμένων ⟦ ἀποκτεῖναι ⟧ ·

5a φοβεῖσθε ... τὸν ...

b   ... γεενν ...

6a οὐχὶ ⟦πέντε⟧ στρουθία πωλοῦνται ἀσσαρίων δύο;

b   καὶ ἓν ἐξ αὐτῶν οὐ πεσεῖται ἐπὶ τὴν γῆν ἄνευ τοῦ θεοῦ .

7a ... καὶ αἱ τρίχες τῆς κεφαλῆς / ὑμῶν πᾶσαι ἠρίθμη νται .

b μὴ φοβεῖσθε· πολλῶν στρουθίων διαφέρετε ὑμεῖς.

49a διὰ τοῦτο καὶ ἡ σοφία .. εἶπεν·

 b   ἀποστελῶ ⟦πρὸς⟧ αὐτοὺς προφήτας καὶ σοφούς ,

 c   καὶ ἐξ αὐτῶν ἀποκτενοῦσιν καὶ διώξουσιν,

50a ⟦ἵνα⟧ ἐκζητηθῇ τὸ αἷμα πάντων τῶν προφητῶν

 b   τὸ ἐκκεχυμένον ἀπὸ καταβολῆς κόσμου

 c   ἀπὸ τῆς γενεᾶς ταύτης,

51a ἀπὸ αἵματος Ἅβελ ἕως αἵματος Ζαχαρίου

 b   τοῦ ἀπολομένου μεταξὺ τοῦ θυσιαστηρίου καὶ τοῦ οἴκου·

 c   ναὶ λέγω ὑμῖν, ἐκζητηθήσεται ἀπὸ τῆς γενεᾶς ταύτης.

52a οὐαὶ ὑμῖν τοῖς ⟦νομικ⟧οῖς ,   Between 11,46 and 47

 b   ὅτι κλείε τε τ ⟦ ἦν βασιλείαν⟧ τ⟦<οῦ θεοῦ>

 c   ἔμπροσθεν τῶν ἀνθρώπων⟧·

 d   ὑμεῖς οὐκ εἰσήλθατε

 e   ⟦οὐδὲ⟧ τοὺς εἰσερχομένους ἀφ ίε τε εἰσελθεῖν.

Q 12,2-12

2a   οὐδὲν κεκαλυμμένον ἐστὶν ὃ οὐκ ἀποκαλυφθήσεται

 b   καὶ κρυπτὸν ὃ οὐ γνωσθήσεται.

3a   ὃ λέγω ὑμῖν ἐν τῇ σκοτίᾳ εἴπατε ἐν τῷ φωτί,

 b   καὶ ὃ εἰς τὸ οὖς ἀκούετε κηρύξατε ἐπὶ τῶν δωμάτων.

4a   καὶ μὴ φοβεῖσθε ἀπὸ τῶν ἀποκτε⟦ν⟧νόντων τὸ σῶμα,

 b   τὴν δὲ ψυχὴν μὴ δυναμένων ἀποκτεῖναι·

5a   φοβεῖσθε δὲ .. τὸν δυνάμενον

 b   καὶ ψυχὴν καὶ σῶμα ἀπολέσαι ἐν τ<ῇ> γεένν η .

6a   οὐχὶ ⟦πέντε⟧ στρουθία πωλοῦνται ἀσσαρί⟦ ων δύο ⟧ ;

 b   καὶ ἓν ἐξ αὐτῶν οὐ πεσεῖται ἐπὶ τὴν γῆν ἄνευ τοῦ ⟦πατρὸς ὑμῶν⟧ .

7a   ὑμῶν ⟦δὲ⟧ / καὶ αἱ τρίχες τῆς κεφαλῆς πᾶσαι ἠριθμη ⟦μέναι εἰσίν⟧ .

 b   μὴ φοβεῖσθε· πολλῶν στρουθίων διαφέρετε ὑμεῖς.

8a πᾶς ὃς ἂν ὁμολογήσῃ ἐν ἐμοὶ

b   ἔμπροσθεν τῶν ἀνθρώπων,

c κα ... ὁμολογήσ ... ἐν αὐτῷ

d   ἔμπροσθεν τ ... ·

9a ὃς δ᾽ ἂν ἀρνήσηταί με ἔμπροσθεν τῶν ἀνθρώπων,

b   ἀρνή ...αι ἔμπροσθεν τ ... .

10a καὶ ὃς ἐὰν εἴπῃ λόγον ⟦ εἰς ⟧ τὸ ⟦ ν ⟧ υἱὸ ⟦ ν ⟧ τοῦ ἀνθρώπου

b   ἀφεθήσεται αὐτῷ·

c ὃς δ᾽ ἂν ⟦ βλασφημήσῃ εἰς ⟧ τὸ ⟦⟧ ἅγιο ⟦ ν ⟧ πνεῦμα ⟦⟧

d   οὐκ ἀφεθήσεται αὐτῷ.

11a ⟦⟦ὅταν δὲ ⟦ εἰσφέρ ⟧ ωσιν ὑμᾶς ⟦< ... > τὰς συναγωγάς ⟧ ,

b   μὴ μεριμνήσητε πῶς ἢ τί ⟦ εἴπ ⟧ ητε·

12   .. γὰρ .. ⟦διδάξει⟧ ὑμ⟦ᾶς⟧ ἐν ...ῃ τῇ ὥρᾳ τί ⟦ εἴπ ⟧ ητε.⟧⟧

Q 12,33-34

33a θησαυρίζετε ⟦ δὲ ὑμῖν ⟧ θησαυρο ... ⟦⟧ ἐν .. οὐραν οῖς ,

b   ὅπου ⟦ οὔτε ⟧ σὴς ⟦οὔτε βρῶσις ἀφανίζει

c   καὶ ὅπου ⟧ κλέπτ ... ⟦ οὐ διορύσσ ... οὐδὲ κλέπτ ...⟧ ·

34a ὅπου γάρ ἐστιν ὁ θησαυρός ⟦ σου ⟧ ,

b   ἐκεῖ ἔσται καὶ ἡ καρδία ⟦ σου ⟧ .

8a πᾶς ὃς ⟦ ἂν ⟧ ὁμολογήσ⟦ ῃ ⟧ ἐν ἐμοὶ

b   ἔμπροσθεν τῶν ἀνθρώπων,

c   κα⟦ὶ ὁ υἱὸς τοῦ ἀνθρώπου⟧ ὁμολογήσ⟦ει⟧ ἐν αὐτῷ

d   ἔμπροσθεν τ⟨ῶν ἀγγέλων⟩ ..·

9a ὃς δ᾽ ἂν ἀρνήσηταί με ἔμπροσθεν τῶν ἀνθρώπων,

b   ἀρνη⟦θήσεται⟧ ἔμπροσθεν τ⟨ῶν ἀγγέλων⟩ .. .

10a καὶ ὃς ἐὰν εἴπῃ λόγον εἰς τὸν υἱὸν τοῦ ἀνθρώπου

b   ἀφεθήσεται αὐτῷ·

c   ὃς δ᾽ ἂν ⟦ εἴπ ⟧ ῃ εἰς τὸ ἅγιον πνεῦμα

d   οὐκ ἀφεθήσεται αὐτῷ.

11a ὅταν δὲ εἰσφέρωσιν ὑμᾶς ⟦< εἰς >⟧ τὰς συναγωγάς,

b   μὴ μεριμνήσητε πῶς ἢ τί εἴπητε·

12   ⟦τὸ⟧ γὰρ ⟦ἅγιον πνεῦμα διδάξει⟧ ὑμ⟦ᾶς⟧ ἐν ...ῃ τῇ ὥρᾳ τί εἴπ< ητε >. .

Q 12,33-34

⟦Mt 6,19⟧

a   «μὴ θησαυρίζετε ὑμῖν θησαυροὺς ἐπὶ τῆς γῆς,

b   ὅπου σὴς καὶ βρῶσις ἀφανίζει

c   καὶ ὅπου κλέπται διορύσσουσιν καὶ κλέπτουσιν·»

33a θησαυρίζετε δὲ ὑμῖν θησαυρο... ἐν οὐραν⟦ῷ⟧,

b   ὅπου οὔτε σὴς οὔτε βρῶσις ἀφανίζει

c   καὶ ὅπου κλέπτ αι οὐ διορύσσ ουσιν οὐδὲ κλέπτ ουσιν ·

34a ὅπου γάρ ἐστιν ὁ θησαυρός σου,

b   ἐκεῖ ἔσται καὶ ἡ καρδία σου.

Q 12,22-31

22a διὰ τοῦτο λέγω ὑμῖν·
  b   μὴ μεριμνᾶτε τῇ ψυχῇ .. τί φάγητε,
  c   μηδὲ τῷ σώματι .. τί ἐνδύσησθε.
23a οὐχὶ ἡ ψυχὴ πλεῖόν ἐστιν τῆς τροφῆς
  b   καὶ τὸ σῶμα τοῦ ἐνδύματος;
24a ⟦ἐμβλέψ⟧ατε ⟦εἰς⟧ τοὺς κόρακας ὅτι
  b   οὐ σπείρουσιν οὐδὲ θερίζουσιν
  c   οὐδὲ ... ἀποθήκ ...,
  d   καὶ ὁ θεὸς τρέφει αὐτούς·
  e   οὐχ ὑμεῖς μᾶλλον διαφέρετε τῶν πετεινῶν;
25a τίς δὲ ἐξ ὑμῶν μεριμνῶν δύναται
  b   ἐπὶ τὴν ἡλικίαν αὐτοῦ / προσθεῖναι πῆχυν ..;
26 καὶ περὶ ἐνδύματος τί μεριμνᾶτε;
27a κατα ... τε τὰ κρίνα πῶς αὐξάν ουσιν ·
  b   οὐ κοπι ῶσιν οὐδὲ νήθ ουσιν ·
  c   λέγω δὲ ὑμῖν,
  d   ⟦⟧ οὐδὲ Σολομὼν ἐν πάσῃ τῇ δόξῃ αὐτοῦ
  e   περιεβάλετο ὡς ἓν τούτων.
28a εἰ δὲ ἐν ἀγρῷ τὸν χόρτον
  b   ὄντα σήμερον καὶ αὔριον εἰς κλίβανον βαλλόμενον
  c   ὁ θεὸς οὕτως ἀμφιέ ...,
  d   ⟦ οὐ ⟧ πο ⟦ λλ ⟧ῷ μᾶλλον ὑμᾶς, ὀλιγόπιστοι;
29a μὴ ⟦οὖν⟧ μεριμνήσητε λέγοντες·
  b   τί φάγωμεν; ... τί πίωμεν; ... τί περιβαλώμεθα;
30a πάντα γὰρ ταῦτα τὰ ἔθνη ἐπιζητοῦσιν·
  b   ὑμῶν / ⟦γὰρ⟧ ὁ πατὴρ / οἶδεν ὅτι χρῄζετε τούτων.
31a ζητεῖτε δὲ τὴν βασιλείαν αὐτοῦ,
  b   καὶ ταῦτα προστεθήσεται ὑμῖν.

Q 12,22-31

22a διὰ τοῦτο λέγω ὑμῖν·
  b   μὴ μεριμνᾶτε τῇ ψυχῇ ὑμῶν τί φάγητε,
  c   μηδὲ τῷ σώματι ὑμῶν τί ἐνδύσησθε.
23a οὐχὶ ἡ ψυχὴ πλεῖόν ἐστιν τῆς τροφῆς
  b   καὶ τὸ σῶμα τοῦ ἐνδύματος;
24a κατανοήσατε τοὺς κόρακας ὅτι
  b   οὐ σπείρουσιν οὐδὲ θερίζουσιν
  c   οὐδὲ συνάγουσιν εἰς ἀποθήκας,
  d   καὶ ὁ θεὸς τρέφει αὐτούς·
  e   οὐχ ὑμεῖς μᾶλλον διαφέρετε τῶν πετεινῶν;
25a τίς δὲ ἐξ ὑμῶν μεριμνῶν δύναται
  b   προσθεῖναι / ἐπὶ τὴν ἡλικίαν αὐτοῦ πῆχυν ..;
26 καὶ περὶ ἐνδύματος τί μεριμνᾶτε;
27a κατα⟦μάθε⟧τε τὰ κρίνα πῶς αὐξάν⟦ει⟧·
  b   οὐ κοπι⟦ᾷ⟧ οὐδὲ νήθ⟦ει⟧·
  c   λέγω δὲ ὑμῖν,
  d   οὐδὲ Σολομὼν ἐν πάσῃ τῇ δόξῃ αὐτοῦ
  e   περιεβάλετο ὡς ἓν τούτων.
28a εἰ δὲ ἐν ἀγρῷ τὸν χόρτον
  b   ὄντα σήμερον καὶ αὔριον εἰς κλίβανον βαλλόμενον
  c   ὁ θεὸς οὕτως ἀμφιέ⟦ννυσιν⟧,
  d   οὐ πολλῷ μᾶλλον ὑμᾶς, ὀλιγόπιστοι;
29a μὴ ⟦οὖν⟧ μεριμνήσητε λέγοντες·
  b   τί φάγωμεν; ⟦ἤ⟧· τί πίωμεν; ⟦ἤ⟧· τί περιβαλώμεθα;
30a πάντα γὰρ ταῦτα τὰ ἔθνη ἐπιζητοῦσιν·
  b   οἶδεν / ⟦γὰρ⟧ ὁ πατὴρ / ὑμῶν ὅτι χρῄζετε τούτων ⟦ἁπάντων⟧.
31a ζητεῖτε δὲ τὴν βασιλείαν αὐτοῦ,
  b   καὶ ταῦτα ⟦πάντα⟧ προστεθήσεται ὑμῖν.

Q 12,33-34

33a ϑησαυρίζετε ⟦ δὲ ὑμῖν ⟧ ϑησαυρο ... ⟦⟧ ἐν .. οὐραν οῖς,

b   ὅπου ⟦ οὔτε ⟧ σὴς ⟦ οὔτε βρῶσις ἀφανίζει

c   καὶ ὅπου ⟧ κλέπτ ... ⟦ οὐ διορύσσ ... οὐδὲ κλέπτ ... ⟧·

34a ὅπου γάρ ἐστιν ὁ ϑησαυρός ⟦ σου ⟧,

b   ἐκεῖ ἔσται καὶ ἡ καρδία ⟦ σου ⟧.

Q 12,39-46

39a ⟦ἐκεῖν⟧ο δὲ γινώσκετε ὅτι

b   εἰ ᾔδει ὁ οἰκοδεσπότης ποίᾳ φυλακῇ ὁ κλέπτης ἔρχεται,

c   οὐκ ἂν ⟦ἀφῆκ⟧ εν διορυχϑῆναι τ .. ν οἰκ .. ν αὐτοῦ.

40a καὶ ὑμεῖς γίνεσϑε ἕτοιμοι,

b   ὅτι ᾗ οὐ δοκεῖτε ὥρᾳ ὁ υἱὸς τοῦ ἀνϑρώπου ἔρχεται.

42a τίς ἄρα ἐστὶν ὁ πιστὸς δοῦλος καὶ φρόνιμος

b   ὃν κατέστησεν ὁ κύριος ἐπὶ τῆς οἰκετείας αὐτοῦ

c   τοῦ δ⟦οῦ⟧ναι ⟦αὐτοῖς⟧ ἐν καιρῷ τ ... .

43a μακάριος ὁ δοῦλος ἐκεῖνος,

b   ὃν ἐλϑὼν ὁ κύριος αὐτοῦ εὑρήσει οὕτως ποιοῦντα·

44a ἀ⟦μὴν⟧ λέγω ὑμῖν ὅτι

b   ἐπὶ πᾶσιν τοῖς ὑπάρχουσιν αὐτοῦ καταστήσει αὐτόν.

45a ἐὰν δὲ εἴπῃ ὁ δοῦλος ἐκεῖνος ἐν τῇ καρδίᾳ αὐτοῦ·

b   χρονίζει ὁ κύριός μου ⟦⟧,

c   καὶ ἄρξηται τύπτειν τοὺς ... ,

d   ἐσϑί ⟦ειν⟧ δὲ καὶ πίν ⟦ειν καὶ⟧ μεϑύ ⟦σκεσϑαι⟧,

46a ἥξει ὁ κύριος τοῦ δούλου ἐκείνου

b   ἐν ἡμέρᾳ ᾗ οὐ προσδοκᾷ καὶ ἐν ὥρᾳ ᾗ οὐ γινώσκει,

c καὶ διχοτομήσει αὐτὸν

d   καὶ τὸ μέρος αὐτοῦ μετὰ τῶν ἀπίστων ϑήσει.

Q 12,33-34   Between 12,12 and 22

[Mt 6,19]

a   «μὴ θησαυρίζετε ὑμῖν θησαυροὺς ἐπὶ τῆς γῆς,

b   ὅπου σὴς καὶ βρῶσις ἀφανίζει

c   καὶ ὅπου κλέπται διορύσσουσιν καὶ κλέπτουσιν·»

33a θησαυρίζετε δὲ ὑμῖν θησαυρο ... ἐν οὐραν [ῷ] ,

b   ὅπου οὔτε σὴς οὔτε βρῶσις ἀφανίζει

c   καὶ ὅπου κλέπτ αι οὐ διορύσσ ουσιν οὐδὲ κλέπτ ουσιν·

34a ὅπου γάρ ἐστιν ὁ θησαυρός σου,

b   ἐκεῖ ἔσται καὶ ἡ καρδία σου.

Q 12,39-46

39a [[ἐκεῖν]]ο δὲ γινώσκετε ὅτι

b   εἰ ᾔδει ὁ οἰκοδεσπότης ποίᾳ φυλακῇ ὁ κλέπτης ἔρχεται,

c   οὐκ ἂν [εἴασ] εν διορυχθῆναι τὸν οἶκον αὐτοῦ.

40a καὶ ὑμεῖς γίνεσθε ἕτοιμοι,

b   ὅτι ᾗ οὐ δοκεῖτε ὥρᾳ ὁ υἱὸς τοῦ ἀνθρώπου ἔρχεται.

42a τίς ἄρα ἐστὶν ὁ πιστὸς δοῦλος [καὶ] φρόνιμος

b   ὃν κατέστησεν ὁ κύριος ἐπὶ τῆς οἰκετείας αὐτοῦ

c   τοῦ δο[[ῦ]]ναι [[αὐτοῖς]] ἐν καιρῷ τὴν τροφήν;

43a μακάριος ὁ δοῦλος ἐκεῖνος,

b   ὃν ἐλθὼν ὁ κύριος αὐτοῦ εὑρήσει οὕτως ποιοῦντα·

44a [ἀμὴν] λέγω ὑμῖν ὅτι

b   ἐπὶ πᾶσιν τοῖς ὑπάρχουσιν αὐτοῦ καταστήσει αὐτόν.

45a ἐὰν δὲ εἴπῃ ὁ δοῦλος ἐκεῖνος ἐν τῇ καρδίᾳ αὐτοῦ·

b   χρονίζει ὁ κύριός μου,

c   καὶ ἄρξηται τύπτειν τοὺς [[συνδούλους αὐτοῦ]],

d   ἐσθί [η] δὲ καὶ πίν [η μετὰ τῶν] μεθυ [όντων] ,

46a ἥξει ὁ κύριος τοῦ δούλου ἐκείνου

b   ἐν ἡμέρᾳ ᾗ οὐ προσδοκᾷ καὶ ἐν ὥρᾳ ᾗ οὐ γινώσκει,

c   καὶ διχοτομήσει αὐτὸν

d   καὶ τὸ μέρος αὐτοῦ μετὰ τῶν ἀπίστων θήσει.

Q 12,49-53

?49? ..

51a ... τε ὅτι ἦλθον βαλεῖν εἰρήνην ἐπὶ τὴν γῆν;
 b οὐκ ἦλθον βαλεῖν εἰρήνην ἀλλὰ μάχαιραν.
53a ἦλθον γὰρ διχάσαι
 b ⟦ υἱὸ<ν> ⟧ ἐπὶ ⟦⟧ πατρὶ ⟦⟧
 c καὶ θυγατέρα ἐπὶ τὴν μητέρα αὐτῆς,
 d καὶ νύμφην ἐπὶ τὴν πενθερὰν αὐτῆς. ⟦⟧

Q 12,⟦54-56⟧

54a ⟦ ⟦ὀψίας γενομένης⟧ λέγετε·
 b ⟦εὐδία, πυρράζει γὰρ ὁ οὐρανός·
55a καὶ πρωΐ·
 b σήμερον χειμών, πυρράζει γὰρ στυγνάζων ὁ οὐρανός.⟧
56a ⟦⟧ τὸ πρόσωπον ⟦⟧ τοῦ οὐρανοῦ ⟦ οἶδα ⟧ τε ⟦ διακρίν ⟧ ειν,
 b τὸν καιρὸν δὲ ⟦⟧ οὐ ⟦ δύνασθε ⟧ ; ⟧

Q 12,58-59

58a ⟦ἕως ὅτου⟧ εἶ μετὰ τοῦ ἀντιδίκου σου ⟦⟧,
 b ἐν τῇ ὁδῷ δὸς ἐργασίαν ἀπηλλάχθαι ἀπ' αὐτοῦ ⟦⟧,
 c μήποτέ σε παραδῷ ⟦ὁ ἀντίδικος⟧ τῷ κριτῇ
 d καὶ ὁ κριτὴς τῷ ὑπηρέτῃ
 e καὶ .. β ... λ ... εἰς φυλακήν.
59a ⟦⟧ λέγω σοι, οὐ μὴ ἐξέλθῃς ἐκεῖθεν,
 b ἕως ... τὸν ἔσχατον κοδράντην ἀποδῷς.

Q 12,⟦49⟧.51.53

⟦49⟧a ⟦«πῦρ ἦλθον βαλεῖν ἐπὶ τὴν γῆν,
    b   καὶ τί θέλω εἰ ἤδη ἀνήφθη.»⟧
51a ⟦δοκεῖ⟧ τε ὅτι ἦλθον βαλεῖν εἰρήνην ἐπὶ τὴν γῆν;
    b   οὐκ ἦλθον βαλεῖν εἰρήνην ἀλλὰ μάχαιραν.
53a ἦλθον γὰρ διχάσαι
    b   υἱὸν ⟦κατὰ⟧ πατρ⟦ὸς⟧
    c   ⟦καὶ⟧ θυγατέρα ⟦κατὰ⟧ τῆ ⟦ς⟧ μητρ⟦ὸς⟧ αὐτῆς,
    d   ⟦καὶ⟧ νύμφην ⟦κατὰ⟧ τῆ ⟦ς⟧ πενθερᾶ ⟦ς⟧ αὐτῆς.

Q 12,⟦54-56⟧

54a ⟦ ... ὀψίας γενομένης λέγετε·
    b   εὐδία, πυρράζει γὰρ ὁ οὐρανός·⟧
55a ⟦καὶ πρωΐ·
    b   σήμερον χειμών, πυρράζει γὰρ στυγνάζων ὁ οὐρανός·⟧
56a ⟦τὸ πρόσωπον τοῦ οὐρανοῦ οἴδατε διακρίνειν,
    b   τὸν καιρὸν δὲ οὐ δύνασθε;⟧

Q 12,58-59

58a ⟦ἕως ὅτου⟧ ... μετὰ τοῦ ἀντιδίκου σου ἐν τῆ ὁδῷ,
    b   δὸς ἐργασίαν ἀπηλλάχθαι ἀπ᾿ αὐτοῦ,
    c   μήποτέ σε παραδῷ ⟦ὁ ἀντίδικος⟧ τῷ κριτῆ
    d   καὶ ὁ κριτὴς τῷ ὑπηρέτη
    e   καὶ ⟦ὁ <ὑπηρέτης> σε⟧ β⟦α⟧λ⟦εῖ⟧ εἰς φυλακήν.
59a λέγω σοι, οὐ μὴ ἐξέλθης ἐκεῖθεν,
    b   ἕως τὸ ⟦ν⟧ ἔσχατον ⟦κοδράντην⟧ ἀποδῷς.

Q 13,18-21

18a ... · τίνι ὁμοία ἐστὶν ἡ βασιλεία τοῦ θεοῦ
b καὶ τίνι ὁμοιώσω αὐτήν;
19a ὁμοία ἐστὶν κόκκῳ σινάπεως,
b ὃν λαβὼν ἄνθρωπος ἔβαλεν εἰς κῆπον αὐτοῦ,
c καὶ ηὔξησεν καὶ ἐγένετο εἰς δένδρον,
d καὶ τὰ πετεινὰ τοῦ οὐρανοῦ κατεσκήνωσεν ἐν τοῖς κλάδοις αὐτοῦ.
20a καὶ πάλιν εἶπεν ·
b τίνι ὁμοιώσω τὴν βασιλείαν τοῦ θεοῦ;
21a ὁμοία ἐστὶν ζύμῃ,
b ἣν λαβοῦσα γυνὴ ἐνέκρυψεν εἰς ἀλεύρου σάτα τρία
c ἕως οὗ ἐζυμώθη ὅλον.

Q 13,23-30

24a [ ] εἰσέλθ [ατε] διὰ τῆς στενῆς [θ] ύ [ρα] ς,
b ὅτι πολλοὶ [ζητήσου] σιν [ ] εἰσε [λθεῖν] [ ]
23 καὶ ὀλίγοι < > ... .
25a [ἀφ' οὗ ἂν] .. ὁ [οἰκοδεσπότης]
b καὶ [ἀπο]κλείσ[ ]ῃ [τ]ὴ[ν] θύρα[ν]
c [καὶ ἄρξησθε .. κρούειν] ..
d λέγο [ντες] · κύριε, ἄνοιξον ἡμῖν,
e καὶ ἀποκριθεὶς ἐρεῖ ὑμῖν· οὐκ οἶδα ὑμᾶς [ ].
26a [τότε ἄρξεσθε λέγειν·]
b ἐφάγομεν [ἐνώπιόν σου] καὶ ἐπίομεν
c καὶ [ἐν ταῖς πλατείαις ἡμῶν ἐδίδαξας] ·
27a καὶ ἐρεῖ λέγων [ὑμῖν] · οὐκ οἶδα ὑμᾶς ... ·
b ἀπό ... τε ἀπ' ἐμοῦ ... ἐργα ... ἀνομία ... .
29 [πολλοὶ] ἀπὸ ἀνατολῶν καὶ δυσμῶν ἥξουσιν καὶ ἀνακλιθήσονται [ ]
28a μετὰ Ἀβραὰμ καὶ Ἰσαὰκ καὶ Ἰακὼβ ἐν τῇ βασιλείᾳ τοῦ θεοῦ,
b [ὑμ<εῖ>ς] δὲ [ ] ἐκβ .. λ[ηθήσ<εσθε>]
c .. ἔξω .. ·
d ἐκεῖ ἔσται ὁ κλαυθμὸς καὶ ὁ βρυγμὸς τῶν ὀδόντων.
[30]a [.. ἔσχατοι .. / ἔσονται πρῶτοι
b καὶ .. πρῶτοι .. ἔσχατοι.]

Q 13,18-21

18a τίνι ὁμοία ἐστὶν ἡ βασιλεία τοῦ θεοῦ

 b   καὶ τίνι ὁμοιώσω αὐτήν;

19a ὁμοία ἐστὶν κόκκῳ σινάπεως,

 b   ὃν λαβὼν ἄνθρωπος ἔβαλεν εἰς ⟦ κῆπ ⟧ον αὐτοῦ·

 c   καὶ ηὔξησεν καὶ ἐγένετο εἰς δένδρον,

 d   καὶ τὰ πετεινὰ τοῦ οὐρανοῦ κατεσκήνωσεν ἐν τοῖς κλάδοις αὐτοῦ.

20a ⟦ καὶ πάλιν ⟧ ·

 b   τίνι ὁμοιώσω τὴν βασιλείαν τοῦ θεοῦ;

21a ὁμοία ἐστὶν ζύμῃ,

 b   ἣν λαβοῦσα γυνὴ ἐνέκρυψεν εἰς ἀλεύρου σάτα τρία

 c   ἕως οὗ ἐζυμώθη ὅλον.

Q 13,23-⟦30⟧

24a εἰσέλθατε διὰ τῆς στενῆς θύρας,

 b   ὅτι πολλοὶ ζητήσουσιν εἰσελθεῖν

23   καὶ ὀλίγοι ⟦εἰσὶν οἱ < εἰσερχόμενοι δι᾽ > αὐτῆ<ς>⟧ .

25a ἀφ᾽ οὗ ἂν ⟦ἐγερθῇ⟧ ὁ ⟦οἰκοδεσπότης⟧

 b   καὶ κλείσ⟦ η τ⟧ὴ⟦ν⟧ θύρα⟦ν⟧

 c ⟦καὶ ἄρξησθε ἔξω ἑστάναι καὶ κρούειν τὴν θύραν⟧

 d   λέγοντες· κύριε, ἄνοιξον ἡμῖν,

 e καὶ ἀποκριθεὶς ἐρεῖ ὑμῖν· οὐκ οἶδα ὑμᾶς.

26a τότε ἄρξεσθε λέγειν·

 b   ἐφάγομεν ἐνώπιόν σου καὶ ἐπίομεν

 c   καὶ ἐν ταῖς πλατείαις ἡμῶν ἐδίδαξας·

27a καὶ ἐρεῖ λέγων ὑμῖν· οὐκ οἶδα ὑμᾶς·

 b   ἀπόστητε ἀπ᾽ ἐμοῦ ⟦οἱ⟧ ἐργα ζόμενοι τὴν ἀνομία ν .

29 ⟦ καὶ πολλοὶ⟧ ἀπὸ ἀνατολῶν καὶ δυσμῶν ἥξουσιν καὶ ἀνακλιθήσονται

28a   μετὰ Ἀβραὰμ καὶ Ἰσαὰκ καὶ Ἰακὼβ ἐν τῇ βασιλείᾳ τοῦ θεοῦ,

 b ⟦ὑμ<εῖ>ς⟧ δὲ ἐκβλ⟦ηθήσ<εσθε>

 c   εἰς τὸ σκότος τὸ⟧ ἐξώ ⟦τερον⟧ ·

 d ἐκεῖ ἔσται ὁ κλαυθμὸς καὶ ὁ βρυγμὸς τῶν ὀδόντων.

⟦30⟧a ⟦.. ἔσονται οἱ ἔσχατοι πρῶτοι

 b καὶ οἱ πρῶτοι ἔσχατοι.⟧

Q 13,34-35

34a Ἰερουσαλὴμ Ἰερουσαλήμ, ἡ ἀποκτείνουσα τοὺς προφήτας
 b   καὶ λιθοβολοῦσα τοὺς ἀπεσταλμένους πρὸς αὐτήν,
 c ποσάκις ἠθέλησα ἐπισυν άξαι τὰ τέκνα σου,
 d   ὃν τρόπον ὄρνις ⟦ ἐπισυνάγει ⟧ τ⟦ὰ⟧ νοσσία⟦⟧ αὐτῆς
 e   ὑπὸ τὰς πτέρυγας,
 f καὶ οὐκ ἠθελήσατε.
35a ἰδοὺ ἀφίεται ὑμῖν ὁ οἶκος ὑμῶν.
 b λέγω ὑμῖν, οὐ μὴ ἴδητέ με ἕως ⟦ἥξει ὅτε⟧ εἴπητε·
 c   εὐλογημένος ὁ ἐρχόμενος ἐν ὀνόματι κυρίου.

Q 14, ⟦5⟧

5a ⟦καὶ εἶπεν αὐτοῖς·
 b τίς ἔστ⟦αι⟧ ἐξ ὑμῶν ⟦⟧ ὃς ἕξει ⟦⟧ βοῦ<ν>
 c καὶ ἐὰν πέσῃ τοῖς σάββασιν εἰς ⟦βόθυνον⟧
 d οὐ ... ει αὐτὸν...;⟧

Q 14,11

11a πᾶς ὁ ὑψῶν ἑαυτὸν ταπεινωθήσεται,
 b καὶ ὁ ταπεινῶν ἑαυτὸν ὑψωθήσεται.

Q 14,⟦16-21.23⟧

16a ⟦ ⟦καὶ⟧ ⟦⟧ εἶπεν ⟦αὐτοῖς·... μοι... ἡ βασιλεία τοῦ θεοῦ⟧
 b ἀνθρώπ ⟦ῳ, ὅσ⟧ τις ἐποίει δεῖπνον μέγα,⟧
17a ⟦ καὶ ἀπέστειλεν τὸν δοῦλον αὐτοῦ ..
 b   εἰπεῖν τοῖς κεκλημένοις·
 c   ἔρχεσθε, ὅτι ἤδη ἕτοιμά ἐστιν.⟧
18 ⟦ ... ἀγρὸν ...⟧ 19 ⟦...⟧ 20 ⟦...⟧
21a ⟦καὶ ⟦παραγενόμενος⟧ ὁ δοῦλος ἀπήγγειλεν τῷ κυρίῳ αὐτοῦ ταῦτα.
 b τότε ⟦ ὁ ⟧ ργισθ ⟦ εἰς ⟧ ὁ οἰκοδεσπότης εἶπεν τῷ δούλῳ αὐτοῦ·
 c ἔξελθε ⟦ταχέως⟧ εἰς τὰς ⟦<> ὁδοὺ ⟧ ς
 d καὶ ⟦ ὅσ ⟧ ους ⟦ ἐὰν εὕρ ητε⟧ καλέσατε ...⟧
23a ⟦καὶ ἐξελθ<ὼν> ὁ<> δοῦλο<ς> εἰς τὰς ὁδοὺς
 b   ⟦συνήγαγ<ε>ν πάντας οὓς εὗρ⟧<ε>ν ⟦⟧·
 c   ⟦καὶ <ἐ> γεμί⟧σθη ὁ οἶκος. <..>⟧

Q 13,34-35

34a Ἰερουσαλὴμ Ἰερουσαλήμ, ἡ ἀποκτείνουσα τοὺς προφήτας
 b   καὶ λιθοβολοῦσα τοὺς ἀπεσταλμένους πρὸς αὐτήν,
 c ποσάκις ἠθέλησα ἐπισυν αγαγεῖν τὰ τέκνα σου,
 d   ὃν τρόπον ὄρνις ἐπισυνάγει τ⟦ὰ⟧ νοσσία αὐτῆς
 e   ὑπὸ τὰς πτέρυγας,
 f καὶ οὐκ ἠθελήσατε.
35a ἰδοὺ ἀφίεται ὑμῖν ὁ οἶκος ὑμῶν.
 b λέγω .. ὑμῖν, οὐ μὴ ἴδητέ με ἕως ⟦ἥξει ὅτε⟧ εἴπητε·
 c   εὐλογημένος ὁ ἐρχόμενος ἐν ὀνόματι κυρίου.

        Not in Q

Q 14,⟦11⟧

11a ⟦ πᾶς ὁ ὑψῶν ἑαυτὸν ταπεινωθήσεται,
 b καὶ ὁ ταπεινῶν ἑαυτὸν ὑψωθήσεται. ⟧

    Q 14,16-18.?19-20?.21.23

16 ἄνθρωπ ός τις ἐποίει δεῖπνον ⟦ μέγα, καὶ ἐκάλεσεν πολλοὺς⟧
17a καὶ ἀπέστειλεν τὸν δοῦλον αὐτοῦ ⟦τῇ ὥρᾳ τοῦ δείπνου⟧
 b   εἰπεῖν τοῖς κεκλημένοις·
 c   ἔρχεσθε, ὅτι ἤδη ἕτοιμά ἐστιν.
18 ... ἀγρόν,..?19?..?20?..
21a «καὶ < > ὁ δοῦλος < > τῷ κυρίῳ αὐτοῦ ταῦτα.»
 b τότε ὀργισθεὶς ὁ οἰκοδεσπότης εἶπεν τῷ δούλῳ αὐτοῦ·
 c ἔξελθε εἰς τὰς ὁδοὺς
 d   καὶ ὅσους ἐὰν εὕρ <ῃς> καλέσ <ον> ,
23a
 b
 c   ἵνα γεμισθῇ μου ὁ οἶκος.

Q 14,26-27; 17,33

26a 〚 εἴ τις 〛 οὐ μισεῖ τὸν πατέρα 〚ἑ〛αυτοῦ καὶ τὴν μητέρα 〚,

b   οὐ <δύναται> ε<ἶναί> μου <μαθητής>· 〛

c κα ὶ 〚< εἴ τις οὐ μισεῖ τὸν> υἱὸν καὶ <τὴν> θυγατέρα,〛

d   οὐ δύναται εἶναί μου μαθητής.

27a ὃς οὐ λαμβάνει τὸν σταυρὸν 〚〛αὐτοῦ καὶ ἀκολουθεῖ ὀπίσω μου,

b   οὐ δύναται εἶναί μου μαθητής.

17,33a ὁ 〚 εὑρὼν〛 τὴν ψυχὴν αὐτοῦ 〚〛

b   ἀπολέσει αὐτήν,

c κα ὶ ὁ 〚〛 ἀπολέσ〚ας〛 τὴν ψυχὴν αὐτοῦ 〚ἕνεκεν ἐμοῦ

d   εὑρ 〛 ήσει αὐτήν.

Q 14,34-35

34a 〚καλὸν〛 τὸ ἅλας·

b ἐὰν δὲ τὸ ἅλας μωρανθῇ, ἐν τίνι ἀ … θήσεται;

35a οὔτε εἰς γῆν οὔτε εἰς κοπρίαν εὔθετόν ἐστιν,

b   ἔξω βάλλουσιν αὐτό.

Q 15,4.7

4a τίς ἄνθρωπος ἐξ ὑμῶν ἔχων ἑκατὸν πρόβατα

b   καὶ 〚ἀπολέσας〛 ἓν ἐξ αὐτῶν,

c οὐ〚 <κ> ἀφήσ〛ει τὰ ἐνενήκοντα ἐννέα ἐ… τ… ρη. .

d   καὶ πορεύ〚 εται ἐπὶ 〛 τὸ 〚ἀπολωλὸς〛

e   ἕως εὕρ ῃ αὐτό;

7a 〚〛 λέγω ὑμῖν ὅτι

b   οὕτως … ἐν οὐραν.. .. χαίρει ἐπ' 〚 αὐτῶ 〛 〚〛

c   ἢ ἐπὶ 〚 τοῖς 〛 ἐνενήκοντα ἐννέα.

Q 15,?8-10?

..

Q 14,26-27; 17,33

26a ⟦ <ὅς> ⟧ οὐ μισεῖ τὸν πατέρα καὶ τὴν μητέρα

b   οὐ <δύναται εἶναί> μου <μαθητής>,

c καὶ ⟦ <ὅς> ⟧ <οὐ μισεῖ> τ < ὁ > ν υἱὸν καὶ τ < ὴν> θυγατέρα

d   οὐ δύναται εἶναί μου μαθητής.

27a .. ὃς οὐ λαμβάνει τὸν σταυρὸν αὐτοῦ καὶ ἀκολουθεῖ ὀπίσω μου,

b   οὐ δύναται εἶναί μου μαθητής.

17,33a ⟦ ὁ ⟧ εὑρ⟦ ὼν⟧ τὴν ψυχὴν αὐτοῦ

b   ἀπολέσει αὐτήν,

c καὶ ⟦ ὁ ⟧ ἀπολέσ⟦ας⟧ τὴν ψυχὴν αὐτοῦ ⟦ἕνεκεν ἐμοῦ⟧

d   εὑρήσει αὐτήν.

Q 14,34-35

34a ⟦καλὸν⟧ τὸ ἅλας·

b ἐὰν δὲ τὸ ἅλας μωρανθῇ, ἐν τίνι ⟦ἄρτυ⟧ θήσεται;

35a οὔτε εἰς γῆν οὔτε εἰς κοπρίαν ⟦ εὔθετόν ἐστιν ⟧,

b   ἔξω βάλλουσιν αὐτό.

Q 15,4-5a.7. ⟦8-10⟧   Between 17,2 and 3

4a τίς < > ἄνθρωπος ἐξ ὑμῶν < > ἔχ < > ἑκατὸν πρόβατα

b   καὶ ⟦ἀπολέσας⟧ ἓν ἐξ αὐτῶν,

c οὐ⟦ χὶ ἀφήσ⟧ει τὰ ἐνενήκοντα ἐννέα ⟦ ἐ πὶ τὰ ὄρη ⟧

d   καὶ πορεύ⟦ θεὶς ζητεῖ ⟧ τὸ ⟦ἀπολωλός⟧;

5 καὶ ἐὰν γένηται εὑρεῖν αὐτό,

7a λέγω ὑμῖν ὅτι

b   χαίρει ἐπ᾽ αὐτῷ μᾶλλον

c   ἢ ἐπὶ τοῖς ἐνενήκοντα ἐννέα τοῖς μὴ πεπλανημένοις.

Q 16,13

13a οὐδεὶς 〚〛 δύναται δυσὶ κυρίοις δουλεύειν·
b 　 ἢ γὰρ τὸν ἕνα μισήσει καὶ τὸν ἕτερον ἀγαπήσει,
c 　 ἢ ἑνὸς ἀνθέξεται καὶ τοῦ ἑτέρου καταφρονήσει.
d οὐ δύνασθε θεῷ δουλεύειν καὶ μαμωνᾷ.

Q 16,16

16a ὁ νόμος .. καὶ 〚〛 οἱ προφῆται 〚 μέχρι 〛 Ἰωάννου 〚〛·
b ἀπὸ 〚 τότε 〛 ἡ βασιλεία τοῦ θεοῦ βιάζεται
c 　 καὶ βιασταὶ ἁρπάζουσιν αὐτήν.

Q 16,17

17a εὐκοπώτερον δέ ἐστιν
b 　 τὸν οὐρανὸν καὶ τὴν γῆν παρελθεῖν
c 　 〚〛 ἢ τοῦ νόμου / μίαν κεραίαν π…

Q 16,18

18a πᾶς ὁ ἀπολύων τὴν γυναῖκα αὐτοῦ 〚〛 μοιχεύ〚 ει 〛,
b 　 καὶ ὁ 〚〛 ἀπολελυμένην 〚〛 γαμ〚 ῶν 〛 μοιχ….

Q 17,1-2

1a <..> ἀνάγκη ἐλθεῖν τὰ σκάνδαλα,
b 　 πλὴν οὐαὶ δι᾽ οὗ ἔρχεται.
2a λυσιτελεῖ αὐτῷ
b 　 〚εἰ〛 μύλος ὀνικὸς περίκειται περὶ τὸν τράχηλον αὐτοῦ
c 　 　 καὶ ἔρριπται ε〚 ἰς 〛 τὴ〚 ν 〛 θάλασσ〚 αν 〛
d 　 ἢ ἵνα σκανδαλίσῃ τῶν μικρῶν τούτων ἕνα.

Q 16,13

13a οὐδεὶς δύναται δυσὶ κυρίοις δουλεύειν·
b ἢ γὰρ τὸν ἕνα μισήσει καὶ τὸν ἕτερον ἀγαπήσει,
c ἢ ἑνὸς ἀνθέξεται καὶ τοῦ ἑτέρου καταφρονήσει.
d οὐ δύνασθε θεῷ δουλεύειν καὶ μαμωνᾷ.

Q 16,16

16a ὁ .. νόμος καὶ οἱ προφῆται ⟦ ἕως ⟧ Ἰωάννου·
b ἀπὸ τότε ἡ βασιλεία τοῦ θεοῦ βιάζεται
c καὶ βιασταὶ ἁρπάζουσιν αὐτήν.

Q 16,17

17a ⟦ εὐκοπώτερον δέ ἐστιν
b τὸν ⟧ οὐρανὸ ⟦ ν ⟧ καὶ ⟦ τὴν ⟧ γῆ ⟦ ν ⟧ παρελθ ⟦ εῖν
c ἢ ἰῶτα ἓν ἢ ⟧ μία ⟦ ν ⟧ κεραία ⟦ ν ⟧ / τοῦ νόμου ⟦ π εσεῖν⟧.

Q 16,18

18a πᾶς ὁ ἀπολύων τὴν γυναῖκα αὐτοῦ ⟦καὶ γαμῶν <ἄλλην>⟧ μοιχεύει,
b καὶ ὁ ἀπολελυμένην γαμῶν μοιχ ⟦εύει⟧.

Q 17,1-2

1a ἀνάγκη ἐλθεῖν τὰ σκάνδαλα,
b πλὴν οὐαὶ δι' οὗ ἔρχεται.
2a λυσιτελεῖ αὐτῷ
b ⟦εἰ⟧ λίθος μυλικὸς περίκειται περὶ τὸν τράχηλον αὐτοῦ
c καὶ ἔρριπται εἰς τὴν θάλασσαν
d ἢ ἵνα σκανδαλίσῃ τῶν μικρῶν τούτων ἕνα.

Q 15,4.7

4a τίς ἄνθρωπος ἐξ ὑμῶν ἔχων ἑκατὸν πρόβατα

b   καὶ [ἀπολέσας] ἓν ἐξ αὐτῶν,

c   οὐ[<κ> ἀφήσ]ει τὰ ἐνενήκοντα ἐννέα ἐ ... τ ... ρη ..

d   καὶ πορεύ[εται ἐπὶ] τὸ [ἀπολωλὸς]

e   ἕως εὕρ ῃ αὐτό;

7a [] λέγω ὑμῖν ὅτι

b   οὕτως ... ἐν οὐραν.. .. χαίρει ἐπ᾿ [αὐτῷ] []

c   ἢ ἐπὶ [τοῖς] ἐνενήκοντα ἐννέα.

Q 15,?8-10?

..

Q 17,3-4

3a ἐὰν ἁμαρτήσῃ ὁ ἀδελφός σου ἐπιτίμησον αὐτῷ,

b   καὶ ἐάν [σου ἀκούσῃ , ἄφες αὐτῷ].

4a καὶ ἐὰν ἑπτάκις τῆς ἡμέρας ἁμαρτήσῃ εἰς σὲ

b   καὶ ἑπτάκις [] ἀφήσεις αὐτῷ.

Q 17,6

6a εἰ ἔχετε πίστιν ὡς κόκκον σινάπεως,

b   ἐλέγετε ἂν τῇ συκαμίνῳ ταύτῃ·

c   ἐκριζώθητι καὶ φυτεύθητι ἐν τῇ θαλάσσῃ·

d   καὶ ὑπήκουσεν ἂν ὑμῖν.

Q 15,4-5a.7

4a τίς < > ἄνθρωπος ἐξ ὑμῶν < > ἔχ < > ἑκατὸν πρόβατα

b   καὶ ⟦ἀπολέσας⟧ ἓν ἐξ αὐτῶν,

c   οὐ⟦ χὶ ἀφήσ⟧ει τὰ ἐνενήκοντα ἐννέα ⟦ ἐπὶ τὰ ὄρη ⟧

d   καὶ πορεύ⟦ θεὶς ζητεῖ ⟧ τὸ ⟦ἀπολωλός⟧;

5   καὶ ἐὰν γένηται εὑρ εῖν αὐτό,

7a λέγω ὑμῖν ὅτι

b   χαίρει ἐπ᾽ αὐτῷ μᾶλλον

c   ἢ ἐπὶ τοῖς ἐνενήκοντα ἐννέα τοῖς μὴ πεπλανημένοις .

Q 15,⟦8-10⟧

8a ⟦«ἢ τίς γυνὴ ἔχουσα δέκα δραχμὰς

b   ἐὰν ἀπολέσῃ δραχμὴν μίαν,

c   οὐχὶ ἅπτει λύχνον καὶ σαροῖ τὴν οἰκίαν καὶ ζητεῖ ἕως εὕρῃ;»⟧

9a ⟦«καὶ εὑροῦσα καλεῖ τὰς φίλας καὶ γείτονας

b   λέγουσα· χάρητέ μοι, ὅτι εὗρον τὴν δραχμὴν ἣν ἀπώλεσα.»⟧

10a ⟦«οὕτως, λέγω ὑμῖν, γίνεται χαρὰ <ἔμπροσθεν> τῶν ἀγγέλων

b   ἐπὶ ἑνὶ ἁμαρτωλῷ μετανοοῦντι.»⟧

Q 17,3-4

3a ἐὰν ἁμαρτήσῃ ⟦εἰς σὲ⟧ ὁ ἀδελφός σου, ἐπιτίμησον αὐτῷ,

b   καὶ ἐὰν ⟦ μετανοήσῃ ⟧ , ἄφες αὐτῷ.

4a καὶ ἐὰν ἑπτάκις τῆς ἡμέρας ἁμαρτήσῃ εἰς σὲ

b   καὶ ἑπτάκις ἀφήσεις αὐτῷ.

Q 17,6

6a εἰ ἔχετε πίστιν ὡς κόκκον σινάπεως,

b   ἐλέγετε ἂν τῇ συκαμίνῳ ταύτῃ·

c   ἐκριζώθητι καὶ φυτεύθητι ἐν τῇ θαλάσσῃ·

d   καὶ ὑπήκουσεν ἂν ὑμῖν.

Q 17,?20-21?.23-24.37.26-27.30.34-35   Q 17,33 after 14,27

?20?

..

?21?

..

23a ... ε... σιν ὑμῖν· ἰδοὺ ⟦ ἐν τῇ ἐρήμῳ ἐστίν ⟧, μὴ ἐξέλθητε·

b   ἰδοὺ ⟦ ἐν τοῖς ταμείοις ⟧, μὴ διώξητε.

24a ὥσπερ γὰρ ἡ ἀστραπὴ ἐξέρχεται ⟦ ἀπὸ ἀνατολῶν ⟧

b   καὶ ⟦ φαίνεται ἕως δυσμῶν ⟧,

c   οὕτως ἔσται ἡ ⟦ < ἡμέρα > / τοῦ⟧ υἱο⟦ῦ⟧ τοῦ ἀνθρώπου.

| 37 ὅπου τὸ πτῶμα, ἐκεῖ συναχθήσονται οἱ ἀετοί.

26a ὥσ⟦περ γὰρ⟧ αἱ ἡμέραι Νῶε,

b   οὕτως ἔσται καὶ ⟦ἐν τ αἷς ἡμέρ αις ⟧ τοῦ υἱοῦ τοῦ ἀνθρώπου·

27a

b   ⟦ <ἔ> τρωγ <ον>, ἔ⟧ πιν ⟦ον, ἐ⟧ γάμ ⟦ ουν, ἐ⟧ γαμίζ⟦ οντο ⟧,

c   ἄχρι ἧς ἡμέρας εἰσῆλθεν Νῶε εἰς τὴν κιβωτὸν

d   καὶ ἦλθεν ὁ κατακλυσμὸς καὶ ἦρεν ἅπαντας.

30 οὕτως ἔσται καὶ ⟦ ᾗ ἡμέρα ὁ⟧ υἱὸ⟦ς⟧ τοῦ ἀνθρώπου ⟦ἀποκαλύπτεται⟧.

34a ⟦λέγω ὑμῖν, ⟧

b   ἔσονται δύο ἐπὶ κλίνης μιᾶς,

c   εἷς παραλαμβάνεται καὶ εἷς ἀφίεται·

35a δύο ἀλήθουσαι ἐν τῷ μύλῳ,

b   μία παραλαμβάνεται καὶ μία ἀφίεται.

Q 17,⟦20-21⟧.23-24.37.26-27.?28-29?.30.34-35   Q 17,33 after 14,27

20a ⟦«ἐπερωτηθεὶς δὲ πότε ἔρχεται ἡ βασιλεία τοῦ θεοῦ
  b ἀπεκρίθη αὐτοῖς καὶ εἶπεν·
  c   οὐκ ἔρχεται ἡ βασιλεία τοῦ θεοῦ μετὰ παρατηρήσεως.»⟧
21a ⟦.. ἰδοὺ ὧδε ἤ·...,
  b «ἰδοὺ γὰρ ἡ βασιλεία τοῦ θεοῦ ἐντὸς ὑμῶν ἐστιν.»⟧
23a ἐὰν εἴπω σιν ὑμῖν· ἰδοὺ ἐν τῇ ἐρήμῳ ἐστίν, μὴ ἐξέλθητε·
  b   ἰδοὺ ἐν τοῖς ταμείοις, μὴ διώξητε.
24a ὥσπερ γὰρ ἡ ἀστραπὴ ἐξέρχεται ἀπὸ ἀνατολῶν
  b   καὶ φαίνεται ἕως δυσμῶν,
  c οὕτως ἔσται ⟦ὁ⟧ υἱὸ ⟦ς⟧ τοῦ ἀνθρώπου / ⟦ ἐν τῇ ἡμέρᾳ αὐτοῦ ⟧.
37 ὅπου τὸ πτῶμα, ἐκεῖ συναχθήσονται οἱ ἀετοί.
26a .. ⟦καθ ὼς ⟧ .. ⟦ἐγένετο ἐν τ⟧ αῖ ⟦ς⟧ ἡμέραι ⟦ς⟧ Νῶε,
  b οὕτως ἔσται ⟦ἐν τ <ῇ> ἡμέρ <ᾳ> ⟧ τοῦ υἱοῦ τοῦ ἀνθρώπου.
27a ⟦ὡς γὰρ ἦσαν ἐν ταῖς ἡμέραις ἐκείναις⟧
  b   τρώγ οντες καὶ πίν οντες , γαμ οῦντες καὶ γαμίζ⟦ οντες ⟧,
  c ἄχρι ἧς ἡμέρας εἰσῆλθεν Νῶε εἰς τὴν κιβωτόν,
  d   καὶ ἦλθεν ὁ κατακλυσμὸς καὶ ἦρεν ἅπαντας,
?28-29?

    ..
30 οὕτως ἔσται καὶ ᾗ ἡμέρᾳ ὁ υἱὸς τοῦ ἀνθρώπου ἀποκαλύπτεται.
34a λέγω ὑμῖν,
  b ἔσονται δύο ⟦ἐν τῷ ἀγρῷ⟧ ,
  c εἷς παραλαμβάνεται καὶ εἷς ἀφίεται·
35a δύο ἀλήθουσαι ἐν τῷ μύλῳ,
  b   μία παραλαμβάνεται καὶ μία ἀφίεται.

Q 19,12-13.15-24.26.?27?

12   .. ἄνθρωπος ⟦ ἀποδημῶν ⟧
13   ἐκάλεσεν τοὺς δούλους ἑαυτοῦ καὶ ἔδωκεν αὐτοῖς ... .

15a ⟦⟦μετὰ πολὺν χρόνον⟧⟧ ἔρχεται ⟦ ὁ κύριος ⟧ τῶν δούλων ἐκείνων
   b   καὶ συναίρει λόγον μετ᾽ αὐτῶν.
16a ⟦ καὶ ⟧ <...> ⟦⟧ ὁ ⟦ πρῶτος ⟧ λέγων·
   b   κύριε, ... ⟦ σου δέκα προσηργάσατο ⟧... .
17a καὶ εἶπεν αὐτῷ .. ·
   b   εὖ ἀγαθὲ δοῦλε, ⟦⟧ ... ἧς πιστός, ἐπὶ πολλῶν σε καταστήσω.
18a καὶ ἦλθεν ὁ ⟦⟦δεύτερος⟧⟧ λέγων·
   b   κύριε, ἐ ... ησ ... .
19a εἶπεν ⟦⟦δὲ καὶ⟧⟧ ... υτ ῷ ⟦⟧·
   b   ⟦⟦καὶ⟧⟧ σε καταστήσω / ἐπὶ πολλῶν.
20a καὶ ὁ ⟦ ἕτερος ⟧ / ἦλθεν λέγων·
   b   κύριε, ⟦⟦ἔγνων⟧⟧ σε ὅτι σκληρὸς εἶ ἄνθρωπος,
   c   θερίζεις ὅπου οὐκ ἔσπειρας
   d   καὶ συνάγεις ὅθεν οὐ διεσκόρπισας,
21a ⟦ καὶ ⟧ φοβ⟦ηθεὶς ⟧ ἀπ⟦ ἐλθὼν ἔκρυψα ⟧ ... σου ἐν ⟦τῇ γῇ⟧·
   b   ἴδε ⟦⟧ ἔ⟦⟧χ ⟦ εἰς τὸ σόν ⟧ .
22a λέγει αὐτῷ·
   b   πονηρὲ δοῦλε, ᾔδεις ὅτι ⟦⟧
   c   θερίζω ὅπου οὐκ ἔσπειρα
   d   καὶ συνάγω ὅθεν οὐ διεσκόρπισα;
23a ⟦ καὶ διὰ τί οὐκ ἔδωκάς ⟧ μου / τ⟦ ὁ ⟧ ἀργύρι⟦ ον ⟧
   b   ⟦ ἐπὶ ⟧ τράπεζ⟦ αν ⟧;
   c   καὶ ἐλθὼν ἐγὼ ἐκομισάμην ἂν ⟦ τὸ ἐμὸν ⟧ σὺν τόκῳ.
24a ἄρατε .. ἀπ᾽ αὐτοῦ τ ... ν
   b   καὶ δότε τῷ ἔχοντι τὰ ... δέκα... ·
26a .. τῷ .. ἔχοντι παντὶ δοθήσεται,
   b   τοῦ δὲ μὴ ἔχοντος καὶ ὃ ἔχει ἀρθήσεται ἀπ᾽ αὐτοῦ.
?27?
     ..

Q 19,12-13.15-24.26

12 .. ἄνθρωπός τις ἀποδημῶν

13a ἐκάλεσεν δέκα δούλους ἑαυτοῦ καὶ ἔδωκεν αὐτοῖς δέκα μνᾶς

b ⟦ καὶ εἶπεν αὐτο<ῖ>ς· πραγματεύσασθε ἐν ᾧ ἔρχομαι⟧.

15a .. ⟦μετὰ⟧ .. ⟦ πολὺν χρόνον⟧ ἔρχεται ὁ κύριος τῶν δούλων ἐκείνων

b καὶ συναίρει λόγον μετ᾽ αὐτῶν.

16a καὶ ⟦<ἦ>λθ<εν>⟧ ὁ πρῶτος λέγων·

b κύριε, ἡ μνᾶ σου δέκα προσηργάσατο μνᾶς.

17a καὶ εἶπεν αὐτῷ·

b εὖ, ἀγαθὲ δοῦλε, ἐπὶ ὀλίγα ἦς πιστός, ἐπὶ πολλῶν σε καταστήσω.

18a καὶ ἦλθεν ὁ ⟦δεύτερος⟧ λέγων·

b κύριε, ἡ μνᾶ σου ἐ ποί ησεν πέντε μνᾶς.

19a εἶπεν ⟦αὐτ⟧ῷ·

b ⟦εὖ, ἀγαθὲ δοῦλε, ἐπὶ ὀλίγα ἦς πιστός,⟧ ἐπὶ πολλῶν / σε καταστήσω.

20a καὶ ἦλθεν / ὁ ἕτερος λέγων·

b κύριε, [21] ⟦ἔγνων⟧ σε ὅτι σκληρὸς εἶ ἄνθρωπος,

c θερίζ ων ὅπου οὐκ ἔσπειρας

d καὶ συνάγ ων ὅθεν οὐ διεσκόρπισας,

21a καὶ φοβ⟦ηθεὶς ἀπελθὼν ⟧ ἔκρυψα ⟦<τὴν μνᾶν> σου ⟧ ἐν ⟦τῇ γῇ⟧·

b ἴδ ⟦ ε ⟧ ἔχεις τὸ σόν.

22a λέγει αὐτῷ·

b πονηρὲ δοῦλε, ᾔδεις ὅτι

c θερίζω ὅπου οὐκ ἔσπειρα

d καὶ συνάγω ὅθεν οὐ διεσκόρπισα;

23a ⟦ ἔδει σε οὖν βαλεῖν ⟧ τ⟦ ὰ ⟧ ἀργύρι⟦ά ⟧ / μου   read μου τ⟦ά⟧

b ⟦ τοῖς ⟧ τραπεζ⟦ ίταις ⟧,

c καὶ ἐλθὼν ἐγὼ ἐκομισάμην ἂν τὸ ἐμὸν σὺν τόκῳ.

24 ἄρατε οὖν ἀπ᾽ αὐτοῦ τ ὴν μνᾶ ν

καὶ δότε τῷ ἔχοντι τὰ ς δέκα μνᾶς ·

26a τῷ ⟦γὰρ⟧ ἔχοντι παντὶ δοθήσεται,

b τοῦ δὲ μὴ ἔχοντος καὶ ὃ ἔχει ἀρθήσεται ἀπ᾽ αὐτοῦ.

Q 22,28.30

28   .. ὑμεῖς .. [] οἱ ⟦ ἀκολουθήσαν ⟧ τές [] μο ⟦ ι ⟧
30a ἐν τῇ ⟦βασιλείᾳ⟧ <..> [] καθήσεσθε ἐπὶ θρόνους
  b   κρίνοντες τὰς δώδεκα φυλὰς τοῦ Ἰσραήλ.

Q 22,28.30

28 ὑμεῖς .. οἱ ἀκολουθήσαντές μοι
30a .. καθήσεσθε ἐπὶ θρόν 〚 ους 〛
b κρίνοντες τὰς δώδεκα φυλὰς τοῦ Ἰσραήλ.

STUDIORUM NOVI TESTAMENTI AUXILIA

Edited by F. Neirynck

10. G. VAN BELLE, *De Semeia-bron in het vierde evangelie. Ontstaan en groei van een hypothese.* 1975, 160 p. 5 €
11. G. VAN BELLE, *Les parenthèses de l'Évangile de Jean. Aperçu historique et classification. Texte grec de Jean,* 1985, 381 p. 38 €
12. G. VAN OYEN, *De summaria in Marcus en de compositie van Mc 1,14-8,26,* 1987, 258 p. 34 €
13. F. NEIRYNCK, *Q-Synopsis. The Double-Tradition Passages in Greek,* 1988, 63 p. Revised Edition with Appendix, 1995, 79 p. 6 €
14. B.J. KOET, *Five Studies in Interpretation of Scripture in Luke-Acts,* 1989, 197 p. 25 €
15. F. NEIRYNCK, *The Minor Agreements in a Horizontal-line Synopsis,* 1991, 103 p. 10 €
17. B. LINDARS, *Essays on John.* Edited by C.M. TUCKETT, 1992, XVII-233 p. 25 €
18. G. VAN OYEN, *De studie van de Marcusredactie in de twintigste eeuw,* 1993, 397 p. 58 €
19. F. NEIRYNCK (ed.), *Colloquium Biblicum Lovaniense* / Journées Bibliques de Louvain / Bijbelse Studiedagen te Leuven, *1-50; 1949-2001,* 2001, 116 p. 10 €
20. F. NEIRYNCK, *Q-Parallels,* 2001, 119 p. 10 €